$100M Les Modèles d'Argent

Comment gagner de l'argent

Résumé + cahier d'exercices

ALEX HORMOZI

Avertissement

Les informations fournies dans cet ouvrage sont uniquement à des fins éducatives et informatives. L'auteur, l'éditeur et le distributeur agréé ont pris toutes les mesures raisonnables pour s'assurer que les informations contenues dans cet ouvrage étaient exactes au moment de sa publication. L'auteur, l'éditeur et le distributeur agréé ne font aucune déclaration et n'offrent aucune garantie quant à la qualité marchande, l'adéquation à un usage particulier, l'exactitude ou l'exhaustivité actuelle ou continue, et la fiabilité du contenu de cet ouvrage.

Les stratégies, conseils et outils présentés dans cet ouvrage reflètent les opinions personnelles de l'auteur et sont fournis tels quels. Ils ont pour objectif de fournir des informations utiles et instructives sur les sujets abordés dans cet ouvrage. La réussite dans toute entreprise commerciale ou marketing repose sur un large éventail de facteurs propres à chaque individu ou entreprise.

Les lois sont susceptibles d'être modifiées et peuvent varier selon le lieu et la juridiction. En tant que lecteur, vous êtes invité à consulter un professionnel le cas échéant et à examiner les lois locales en vigueur avant de mettre en œuvre toute stratégie ou campagne marketing.

Les déclarations de l'auteur concernant les gains et les revenus ne sont que des déclarations ambitieuses concernant vos gains potentiels. Le succès de l'auteur et des autres personnes mentionnées dans le présent ouvrage, les témoignages et les autres exemples utilisés sont des résultats exceptionnels et atypiques et ne sont pas destinés à garantir que vous ou d'autres personnes obtiendrez les mêmes résultats. Les résultats individuels varient toujours et vos résultats dépendront entièrement de vos capacités individuelles, de votre éthique de travail, de votre entreprise, de vos compétences et de votre expérience, de votre niveau de motivation, de votre diligence dans l'application des stratégies discutées, de l'économie, des risques normaux et imprévus liés à l'exercice d'une activité commerciale et d'autres facteurs qui relèvent ou non de votre contrôle.

Aucune garantie n'est donnée quant à l'obtention de résultats à partir des idées présentées dans cet ouvrage. L'auteur, l'éditeur et le distributeur agréé déclinent toute responsabilité (expresse ou implicite), y compris, sans limitation, celles relatives à la qualité marchande, à l'adéquation à un usage particulier, à l'exactitude ou à l'exhaustivité actuelle ou continue, et à la fiabilité. Vous utilisez les informations fournies à vos propres risques. Comme décrit plus en détail dans le présent document, l'auteur, l'éditeur et le distributeur agréé ne peuvent en aucun cas être tenus responsables envers vous ou toute autre partie pour tout dommage direct, indirect, punitif, spécial, accessoire, spéculatif ou autre dommage consécutif résultant directement ou indirectement de l'utilisation et/ou de la mauvaise utilisation de cet ouvrage, qui est fourni « tel quel » et sans garantie.

Comme toujours, il convient de solliciter et d'obtenir l'avis d'un professionnel compétent en matière juridique, fiscale, comptable, financière ou autre.

Toute déclaration exprimant ou impliquant des discussions concernant des prévisions, des objectifs, des attentes, des convictions, des plans, des projections, des hypothèses ou des événements ou performances futurs ne constitue pas un fait historique et peut être considérée comme une « déclaration prospective ». Les déclarations prospectives sont basées sur des attentes, des estimations et des projections au moment où elles sont faites, qui impliquent un certain nombre de risques et d'incertitudes susceptibles d'entraîner des résultats ou des événements réels sensiblement différents de ceux actuellement prévus.

La gestion d'une entreprise comporte des risques de perte ainsi que des possibilités de profit. Toutes les entreprises comportent des risques, et toutes les décisions commerciales restent la responsabilité de l'individu. L'auteur, Bumble IP, LLC, Acquisition.com, LLC et leurs filiales (collectivement dénommés ci-après

Table des matières

COMMENT UTILISER CE RÉSUMÉ ET LE CAHIER D'EXERCICES

De nombreuses personnes achètent des résumés et des cahiers d'exercices parce que la plupart des livres sont mal édités et bourrés de contenu inutile. Ce n'est pas le cas avec « *$100 M Les Modèles d'Argent* ». Le livre entier ne compte que 249 pages environ, avec une grande police et de nombreuses images, et dure 3,5 heures en livre audio lu lentement. La plupart des gens peuvent tout lire d'une seule traite. C'est pourquoi, dans ce résumé, j'ai apporté trois modifications par rapport au livre principal :

1) J'ai résumé les histoires

2) J'ai supprimé la plupart des exemples. Si vous ne comprenez pas un concept, consultez les vidéos gratuites qui accompagnent ce livre sur mon site **acquisition.com/training**

3) J'ai remplacé les résumés de chapitres par des exercices pratiques.

Le résultat de ces modifications est un cahier d'exercices qui réduit de moitié environ le nombre de mots du livre original. Cela dit, si vous lisez plus vite que vous n'écoutez (comme la plupart des gens), vous pouvez lire l'intégralité du best-seller en environ 3,5 heures. Celui-ci devrait vous prendre environ la moitié du temps (60 à 120 minutes selon votre vitesse de lecture).

Si vous avez déjà lu le livre, utilisez ce cahier comme révision et concentrez-vous sur les exercices.

Si vous n'avez pas lu le livre principal, vous obtiendrez ce dont vous avez besoin pour appliquer les principaux concepts dans votre entreprise.

COMMENCEZ ICI

L'endroit où je dormais dans ma première salle de sport : ma « chambre en béton ».

Je suis donc ruiné et je vis dans ma salle de sport. J'ai désobéi aux conseils de tout le monde. Et quand ma salle de sport a commencé à ne plus générer d'argent, j'ai rapidement pris peur.

Un homme qui possédait des espaces de stockage de l'autre côté de la rue s'est inscrit à ma salle de sport. Il a remarqué que j'avais des difficultés et m'a invité à prendre le petit-déjeuner. C'est là qu'il m'a expliqué comment vraiment gagner de l'argent dans les affaires. Il m'a conduit à son entreprise et m'a expliqué tous les petits détails qu'il utilisait pour gagner de l'argent. C'était impressionnant, comme par exemple le fait qu'un mois de stockage « gratuit » lui rapportait en réalité 127 dollars. C'était la première fois que je découvrais des processus de vente en plusieurs étapes et des offres multiples combinées les unes aux autres pour maximiser les profits. Des années plus tard, j'appellerai cela des « Modèles d'Argent ».

***

Quelques années plus tard, je dirige six salles de sport. Je me sens plutôt bien dans ma peau, alors je paie ce grand spécialiste du marketing pour qu'il me conseille. Je lui explique comment j'ouvre des salles de sport, c'est-à-dire en vendant des abonnements et en utilisant cet argent pour acheter du matériel, etc.

Et là. Surprise ! : quand je lui dis que je dépense 5 dollars par prospect et que je gagne 680 dollars par client, il est stupéfait. Il s'avère que ce que je pensais être correct était en fait exceptionnel.

Mais ensuite, il me dit : « Vous ne devriez pas gérer des salles de sport. » Je me suis dit : « Qu'est-ce que cela signifie ? » Mais ensuite, il m'a expliqué que j'avais de grandes compétences pour un secteur peu rentable. Il m'a dit que je devrais plutôt enseigner mes méthodes à d'autres propriétaires de salles de sport.

C'était difficile à accepter, mais cet homme gagnait beaucoup plus que moi. J'ai donc décidé de l'écouter. C'est ainsi que j'ai complètement transformé mon business.

***

Après cette conversation, j'ai fermé ma nouvelle salle de sport et vendu les cinq autres au cours des 90 jours suivants. C'était intense. Mais cela m'a permis de me consacrer entièrement à cette nouvelle aventure : Gym Launch.

Au cours des deux années suivantes, j'ai voyagé partout pour redresser des salles de sport. J'en ai redressé une trentaine. Puis je me suis demandé : « Pourquoi est-ce que je me tue à voyager ? » J'ai donc opté pour un modèle de licence. En gros, j'aidais les propriétaires à suivre notre système efficace pour remplir leurs salles de sport et gagner de l'argent, sans avoir à me déplacer.

Il s'agissait d'un marché très attractif, mais les propriétaires de salles de sport étaient en difficulté. Certains avaient littéralement du mal à survivre. Cependant, une fois qu'ils avaient rempli leur salle de sport en un mois, la nouvelle s'est répandue très rapidement. Gym Launch a connu un succès fulgurant.

Au cours des cinq années suivantes, j'ai perçu plus de 43 millions de dollars en distributions. Puis, j'ai vendu 66 % de l'entreprise pour 46,2 millions de dollars, entièrement en cash. Incroyable, n'est-ce pas ? À 31 ans, j'avais atteint une valeur nette de 100 millions de dollars. Croyez-moi, personne n'était plus surpris que moi.

Après cela, ma femme et moi avons lancé une société familiale appelée Acquisition.com. Nous investissons dans des entreprises que nous savons comment développer. Notre portefeuille actuel ? Il représente plus de 200 millions de dollars par an. Nous sommes présents dans tous les domaines : chaînes de magasins physiques, des logiciels, des services, de l'e-commerce, etc.

Ce qui est intéressant, c'est que même si nous sommes présents dans plusieurs secteurs différents, nous continuons à appliquer les mêmes principes que ceux que j'utilisais à l'époque où je m'entraînais à la salle de sport. Tout est dans ce résumé de « *$100 M - Les Modèles d'Argent* ».

Voici une photo prise devant notre siège social en 2025. Impressionnant, n'est-ce pas ?

Quels avantages pouvez-vous en tirer ?

En une page environ, je vous ai fait passer de la difficulté à joindre les deux bouts à une valeur nette de 100 000 000 $. La question qui se pose naturellement est donc : comment ? Réponse : *en générant plus de revenus auprès des clients que ce qu'il en coûte pour les avoir*. Et c'est exactement le sujet de ce livre, « *$100 M – Les Modèles d'Argent* ».

Depuis que je suis dans les affaires, le paysage a évolué à plusieurs reprises. Et il continuera à changer. La bonne nouvelle, c'est que des principes solides vous aident à générer des revenus quelle que soit la situation. J'ai appris de nombreux Modèles d'Argent. Je présente ici mes préférés.

$100 M – Les Modèles d'Argent présente des offres qui ont déjà fait leurs preuves et que vous pouvez utiliser dès aujourd'hui. Il contient également les instructions pour les mettre en œuvre Considérez *$100 M– Les Modèles d'Argent* comme un livre avec des tickets de loto gagnants : il ne vous reste plus qu'à les encaisser.

Je tiens également à préciser que ce sont *mes notes personnelles*. Si elles figurent ici, c'est que je les ai utilisées pour générer des revenus. Ces chapitres contiennent mes observations et mes expériences avec différentes entreprises. Des chaînes locales aux produits physiques, en passant par les services, l'éducation, les logiciels, etc. Elles étaient dispersées un peu partout au fil des ans. Jusqu'à présent.

Voici mon livre de recettes pour gagner de l'argent.

Comment ce livre est-il structuré ?

Ce livre vous enseigne une technique extrêmement rentable : comment créer un Modèle d'Argent de 100 millions de dollars. Avec un Modèle d'Argent à $100 M, *vous gagnerez tellement d'argent au cours des trente premiers jours que le coût d'acquisition de nouveaux clients ne sera plus jamais un problème.* Avec autant de clients, vous serez obligé de vous concentrer sur tous *les autres* aspects de votre entreprise pour suivre le rythme. Un problème à résoudre dans un autre livre (clin d'œil).

Plan du livre

Commencer ici et problème que ce livre résout : *vous venez de le terminer*

Chapitre I : Qu'est-ce qu'un Modèle d'Argent ? À suivre...

Chapitre II : Offres d'attraction

Chapitre III : Offres d'upsell

Chapitre IV : Offres de downsell

Chapitre V : Offres d'abonnement

Chapitre VI : Créez votre modèle d'Argent

Voilà. Tout simple. Passons à la suite.

CHAPITRE I :
QU'EST-CE QU'UN
MODÈLE D'ARGENT ?

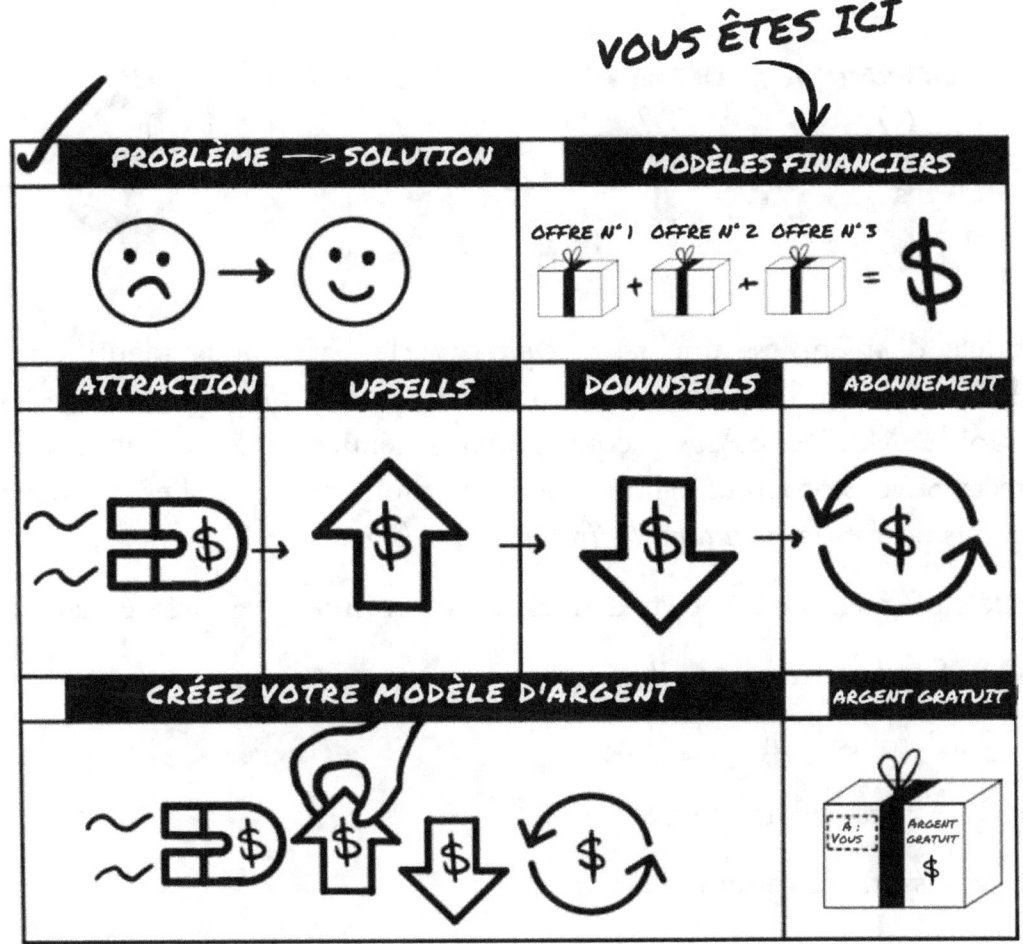

L'histoire de la location de voiture

Je me trouve donc dans une agence de location de voitures. Je souhaite louer une voiture à 19 dollars par jour, mais observez ce qui se passe. L'agent commence à me proposer toutes sortes d'options supplémentaires : un véhicule plus spacieux, un retour tardif, une meilleure assurance, du carburant prépayé. Je réponds « Oui, bien sûr » à la plupart de ces propositions, sans vraiment prêter attention.

Puis, en me dirigeant vers ma voiture, je vois le reçu et là, surprise ! Je me rends compte que je paie 100 dollars par jour au lieu de 19. 5 fois plus que ce que j'avais prévu !

Mais voilà le truc : ils savaient exactement ce que je voulais avant moi. Ils ont résolu des problèmes dont je ne soupçonnais même pas l'existence. C'est un Modèle d'Argent très efficace. Et s'ils n'avaient pas un modèle rentable, ils ne seraient probablement pas en activité. Et je n'aurais pas de voiture.

Un Modèle d'Argent s'est mis en place

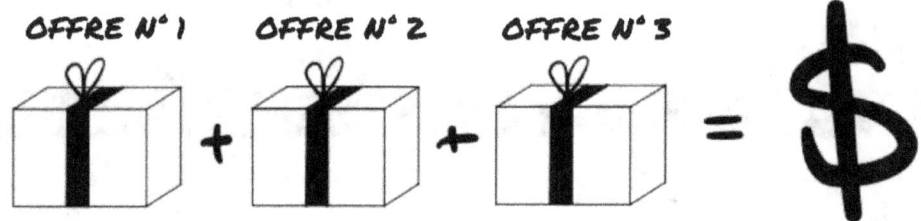

Un Modèle d'Argent est une *série d'offres*. À la base, nous identifions toutes les opportunités de résoudre les problèmes d'un client, puis nous proposons de les résoudre. C'est pourquoi les Modèles d'Argent comportent généralement de nombreuses offres dans un ordre précis. Si vous proposez le bon produit au moment où les clients réalisent qu'ils en ont besoin, vous pouvez faire *autant d'offres que vous le souhaitez.*

Voici le Modèle d'Argent de la société de location de voitures présenté de manière claire :

Offre n° 1 : Surclassement du véhicule

Offre n° 2 : Retour tardif

Offre n° 3 : Assurance premium

Offre n° 4 : Assurance minimale à prix réduit

Offre n° 5 : Essence prépayée

Donc, oui, j'ai payé plus cher, *mais cela a également résolu davantage de problèmes.* Examinons les problèmes que l'entreprise de location de voitures a résolus pour moi :

- Elle a résolu mon problème de «personne de grande taille dans une petite voiture» en *m'offrant* un véhicule plus spacieux.

- Elle a résolu mon problème de «retour tardif» en *m'offrant* la possibilité de garder le véhicule plus longtemps.

- Elle a résolu mon problème de «peur d'abîmer la voiture» en *m'offrant* une assurance pour le couvrir.

- Elle a résolu mon problème de « risque de rater mon vol » en *m'offrant* de prépayer l'essence à l'avance afin que je n'aie pas à le faire à mon retour.

  … Et toutes ces choses m'ont coûté de l'argent, que *j'ai été heureux de payer.*

La société de location de voitures a pensé à tous les détails. Elle m'a informé du problème, puis *m'a proposé une solution.* Elle m'a proposé des solutions pour éviter des frais plus élevés et des désagréments que j'aurais pu rencontrer plus tard, moyennant des frais moins élevés au total et *dans l'immédiat.*

En conséquence, ma location de 19 dollars s'est transformée en une location de 100 dollars. J'ai payé *plus cher plus rapidement.* Et maintenant, nous comprenons pourquoi le secteur de la location de voitures génère des milliards de dollars rien qu'aux États-Unis… *par mois.* Un Modèle d'Argent efficace.

Attention : les mauvais Modèles d'Argent peuvent nuire aux entreprises

De nombreuses entreprises perdent de l'argent pour attirer des clients, ce qui entraîne un cercle vicieux :

- Dépenses publicitaires

- Perte de bénéfices

- Réduire les dépenses marketing

- Perte de clients

- Recours à des fonds personnels ou à des emprunts

- Lutter pendant des mois, voire des années, pour atteindre le seuil de rentabilité

- Risquer de tout perdre

Cela n'est pas une fatalité. Il est possible de gagner de l'argent, mais il est nécessaire de savoir comment s'y prendre. Les entreprises traditionnelles comptent sur l'accumulation de bénéfices au fil du temps pour couvrir les coûts liés à l'acquisition de clients. Cela fonctionne pour les grandes entreprises ou celles qui ont des investisseurs, mais c'est risqué pour les petites entreprises qui démarrent avec des moyens limités. (Probablement votre cas).

Exemple : dépenser 100 dollars pour acquérir un client qui rapporte 500 dollars de bénéfices semble très intéressant. Cependant, s'il faut deux ans pour récupérer cet argent, vous risquez de manquer de liquidités avant d'y parvenir.

Vous avez deux choix :

1) Attendre des années pour être payé et espérer survivre

2) Être payé rapidement et vous développer autant que vous le souhaitez

Un bon Modèle d'Argent est l'option 2.

Les bons Modèle d'Argent font les millionnaires

Si vous faites davantage d'offres et que les clients les acceptent, vous gagnez davantage d'argent. Si vous gagnez davantage d'argent, vous pouvez l'utiliser pour attirer davantage de clients. S'ils vous paient plus rapidement, vous pouvez attirer ces clients plus rapidement *et* rester rentable.

Mais que se passe-t-il si vous doublez la valeur de vos clients, que vous en obtenez deux fois plus et que vous les acquérez deux fois plus rapidement ? *Votre entreprise se développe huit fois plus vite.* Et si vous les triplez, *votre entreprise se développe 27 fois plus vite.* Comprenez-vous où je veux en venir ? Vous pouvez devenir *très important, très rentable, très rapidement, avec seulement quelques changements.* Et c'est précisément ce que je vais vous apprendre à faire.

À suivre

Les Modèles D'Argent sont une série d'offres. Différentes offres résolvent différents problèmes. Donc, si vous souhaitez réussir, vous devez déterminer quelle offre proposer *ensuite.* Pour cela, vous devez comprendre *les quatre types d'offres...*

Les quatre types d'offres qui constituent les Modèles d'Argent

Il est préférable de faire une offre plutôt que de n'en faire aucune. Et il est préférable de faire plusieurs offres plutôt qu'une seule. Combiner des offres dans un ordre précis permet de créer un Modèle d'Argent. Mes Modèles d'Argent combinent quatre types d'offres différents.

Quatre types d'offres

Il existe quatre types d'offres : les offres d'attraction, les offres de vente incitative (upsells), les offres de vente alternatives (downsells) et les offres d'abonnement. Toutes améliorent notre Modèle d'Argent, mais chacune à *sa manière*. Elles fonctionnent très bien seules, mais ensemble, elles rendent votre entreprise incontournable.

1) **Les offres d'attraction** transforment les inconnus en clients.

2) **Les offres upsells** encouragent les gens à dépenser davantage.

3) **Les offres downsells** amènent les gens à dire oui alors qu'ils auraient dit non.

4) **Les offres d'abonnement** incitent les clients à continuer d'acheter.

MODÈLE FINANCIER

① ATTRACTION   ② UPSELLS   ③ DOWNSELL   ④ ABONNEMENT

Si vous observez les grandes entreprises, vous constaterez que différentes versions de ces offres constituent les éléments centraux de leur moteur de rentabilité. Vous pouvez en utiliser une, deux, plusieurs ou les quatre ensemble. Vous pouvez les combiner comme vous le souhaitez. Cependant, lorsque j'examine *mes* activités les plus rentables, j'ai utilisé les quatre. C'est donc ce que je recommande.

Comment j'ai structuré les chapitres

Je commence par les offres d'attraction, car si vous n'attirez pas de clients, c'est la première chose dont vous avez besoin. Ensuite, nous abordons les offres de vente upsells, suivies des offres de downsells. Pour utiliser les quatre types, je vous présente mes offres d'abonnement préférées, *exactement telles que je les ai apprises.*

Structure de chaque chapitre

Voici comment se présente le reste du livre :

1) **Des croquis tirés** directement de mes notes. Exactement tels que je les ai dessinés. Cela m'a aidé à m'en souvenir, donc cela vous aidera également à vous en souvenir.

2) **Une histoire** (résumé) de la façon dont j'ai découvert ce Modèle d'Argent.

3) **Une explication** du fonctionnement du Modèle d'Argent.

4) **Des exemples** d'utilisation par de vraies entreprises dans le monde réel.

5) **Des points importants** et stratégies qui permettent au Modèle d'Argent de fonctionner. Ces informations vous aideront à mettre en œuvre le modèle *dès votre première tentative,* comme si vous le faisiez pour la centième fois.

6) **Un exercice** pour appliquer le chapitre à votre entreprise.

7) **Une formation vidéo gratuite accompagnant** chaque offre présentée dans ce livre est disponible gratuitement à l'adresse suivante : acquisition.com/training/money

Points importants avant de commencer

1) **Si un client demande à être remboursé,** *procédez au remboursement.*

2) **Au lieu de dire « Cela ne fonctionnera pas », demandez « Comment puis-je faire en sorte que cela fonctionne ? »**

3) Évitez les techniques de vente agressives. Proposez des solutions lorsque les clients rencontrent des problèmes. S'ils ne sont pas intéressés, passez à autre chose.

4) **Respectez la loi.** Les réglementations en matière de publicité changent souvent, veuillez donc consulter des avocats pour vous assurer de la légalité de vos offres.

5) **Exposez les faits et dites la vérité.** Si vos faits ne sont pas convaincants, modifiez la réalité jusqu'à ce qu'ils le deviennent. Ne mentez pas.

Toute offre peut être utilisée individuellement, à tout moment et dans n'importe quel ordre. Une entreprise fonctionne tant qu'elle réalise des bénéfices. La plupart des offres présentées dans cet ouvrage peuvent à *elles seules* répondre à cette exigence minimale. Utilisées dans le bon ordre et au bon moment, elles constituent un *Modèle d'Argent de $100 M*.

CHAPITRE II :
LES OFFRES D'ATTRACTION

Comment transformer les regards en argent

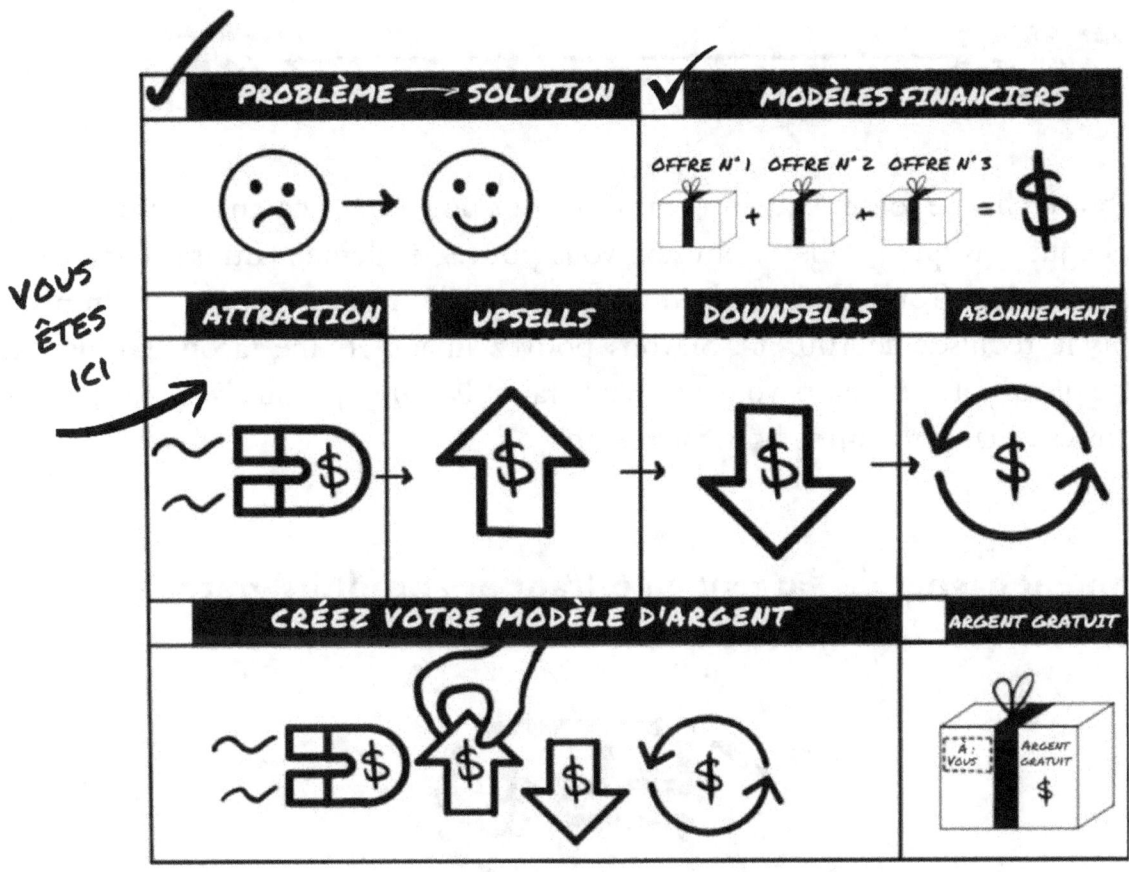

Les offres promotionnelles génèrent des prospects et les convertissent en clients. Elles transforment la publicité en argent en proposant quelque chose de gratuit ou à prix réduit. Nous procédons ainsi parce que tout le monde apprécie les bonnes affaires. Dans le cadre d'une bonne affaire, les clients obtiennent une valeur bien supérieure au prix qu'ils paient. Les inconnus ne peuvent que vous croire sur parole quant à la valeur. Cependant, ils comprennent parfaitement le prix. C'est pourquoi les remises rendent n'importe quel produit ou service très attractif pour presque tout le monde. Et plus la remise est importante, plus l'offre est intéressante. La plus grande remise étant la gratuité.

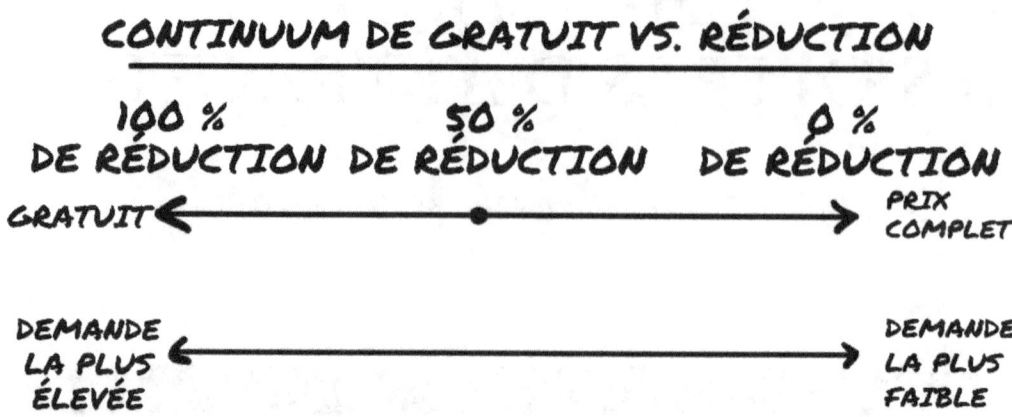

Tout d'abord, chaque fois que je dis « gratuit », vous pouvez également utiliser « remise » ou « 1 $ ». Chaque fois que j'utilise « remise », vous pouvez également utiliser « gratuit » ou « 1 $ », et ainsi de suite. Tous ces termes réduisent le prix d'un produit à un certain niveau, même si vous le réduisez de 100 % ! Si vous pouvez imaginer une façon d'utiliser une remise ou une offre gratuite... alors vous pouvez le faire. Ensuite, je vous laisse utiliser votre bon sens pour les échanger comme bon vous semble.

Alors, comment gagner de l'argent en offrant des produits gratuits ?

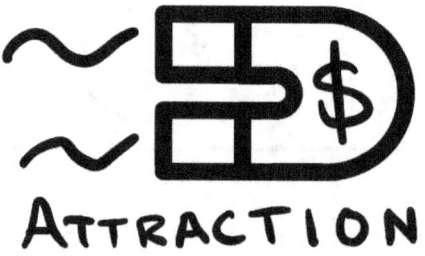

Considérez les choses ainsi : les gens recherchent une chose et en achètent une autre par hasard *tout le temps*. Les offres d'attraction les incitent à le faire *intentionnellement*. Mais quoi de mieux que des produits gratuits ? *Des produits gratuits plus nombreux et de meilleure qualité.* Un produit gratuit, c'est formidable. Deux produits gratuits, c'est encore plus formidable. Et pour obtenir ces deux produits gratuits, *il faut* peut-être *en acheter un*. C'est ainsi que nous gagnons de l'argent grâce aux produits gratuits.

Dans ce chapitre, je présente mes cinq méthodes préférées pour générer des revenus en proposant des articles gratuits :

1) Récupérez votre argent

2) Concours

3) Offre leurre

4) Achetez X et obtenez Y gratuitement

5) Payez moins maintenant ou payez plus plus tard

Allons gagner de l'argent.

Récupérez votre argent

Si vous effectuez x dans le délai y et en respectant les
règles z, vous pouvez l'obtenir gratuitement.

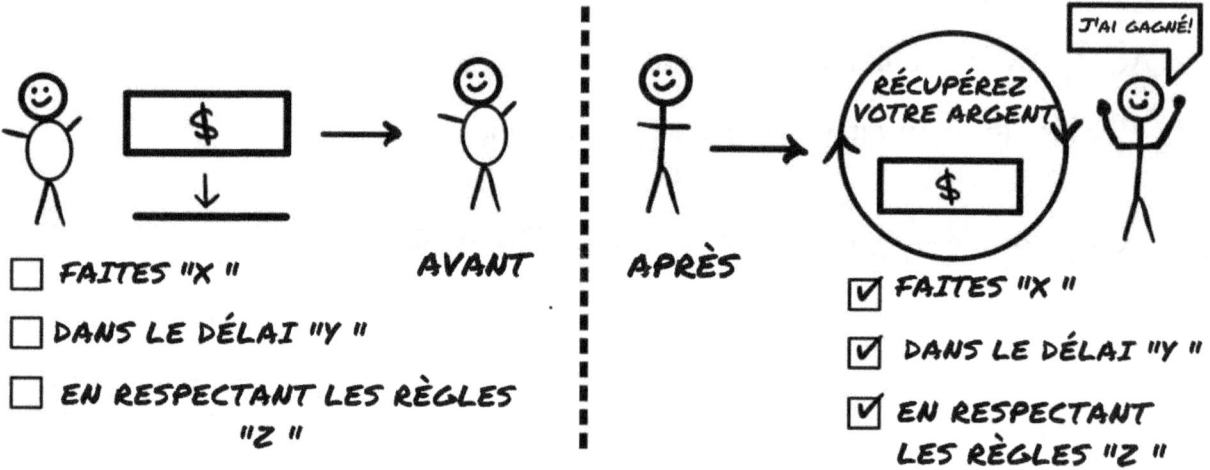

Histoire : juin 2013

Danny, propriétaire d'une salle de sport, a partagé une nouvelle offre qui lui a été très profitable. Voici comment il l'a découverte.

Un client difficile lui a proposé un marché : 500 dollars pour huit semaines d'entraînement, remboursables s'il atteignait son objectif, en échange de l'utilisation de ses photos avant et après à des fins marketing. Le client a perdu du poids, a récupéré son argent, puis a acheté d'autres séances d'entraînement. Et la publicité faite autour de ses photos *avant et après* a valu à Danny de nombreuses recommandations. Danny a tellement gagné d'argent grâce à cela qu'il a commencé à proposer cette offre à tout le monde. C'est ainsi qu'est née l'offre « récupérez votre argent ». Il me l'a enseignée et je l'utilise depuis lors.

Explication

Une offre « récupérez votre argent » fonctionne comme suit. *Vous* fixez un objectif au client *et* vous lui indiquez comment l'atteindre. S'il l'atteint, il peut alors prétendre à un remboursement *ou* à un avoir en magasin.

Pour « récupérer son argent », la personne a trois options : obtenir des résultats, réaliser des actions, ou les deux. Et pour que cela fonctionne, vous devez faire en sorte que les résultats et les actions *soient faciles* à suivre.

<u>Résultats</u> : ici, peu importe ce qu'il fait, si le client obtient le résultat, il récupère son argent. Par exemple : gagner X dollars par mois, obtenir Y clients, perdre Z kilos, etc. *En gros, il parie sur sa propre capacité à atteindre l'objectif.*

<u>Actions</u> : ici, vous les tenez responsables de leurs actions plutôt que des résultats obtenus. Quels que soient les résultats obtenus, si le client fait ce que vous lui demandez, il récupère son argent. Par exemple : assister à toutes les séances, réunions, noter les progrès, prendre des photos, faire les actions requises, etc. Ici, *ils misent sur leur capacité à suivre les instructions.*

<u>Actions</u> *et* <u>résultats</u> : ici, vous demandez aux clients de réaliser les actions et d'obtenir des résultats. S'ils parviennent à faire les deux, ils récupèrent leur argent. Souvent, les personnes qui souhaitent atteindre un objectif n'ont pas les compétences nécessaires pour y parvenir. Même si elles pariaient sur elles-mêmes, elles échoueraient. En leur fixant un objectif réaliste et en leur montrant comment l'atteindre, vous leur donnez une chance de réussir. *Ici, elles parient sur leur capacité à suivre les instructions et sur le fait que vos instructions leur permettront d'obtenir le résultat escompté.*

Conclusion : les clients versent une somme d'argent. S'ils accomplissent la tâche OU obtiennent le résultat escompté OU les deux, *ils sont remboursés en espèces ou sous forme d'avoir en magasin.*

Exemples

Offre entreprise à consommateur : plan gratuit de 28 jours

Déposez X dollars et récupérez la totalité de votre mise si vous :

- ☐ Assistez à tous vos appels de consultation.
- ☐ Publiez vos progrès dans le groupe une fois par semaine.
- ☐ Tenez un journal quotidien dans notre application.
- ☐ Participez à votre séance de rétroaction et à votre séance de transformation.

    (Astuce : les appels et les réunions deviennent des occasions de faire davantage d'offres.)

Offre interentreprises : défi gratuit « 5 clients en 5 jours »

Déposez X dollars et récupérez la totalité de votre mise si vous :

☐ Envoyez 100 messages par jour.

☐ Communiquez les statistiques relatives aux messages envoyés.

☐ Participez à la formation quotidienne.

☐ Postez vos tâches terminés dans le groupe.

☐ Participez à l'appel de consultation du cinquième jour.

(Astuce : vous proposez ici des produits et services supplémentaires, améliorés ou nouveaux.)

Offre de produit physique : parcourez 1 000 000 de kilomètres avec votre véhicule et recevez un véhicule gratuit.

Recevez une voiture gratuite si vous :

☐ Achetez une nouvelle voiture chez nous.

☐ Parcourez 1 000 000 de km avec cette voiture.

☐ Vous la restituez.

☐ Prenez des photos et participez à un communiqué de presse.

☐ Nous créditerons la totalité du prix d'achat initial sur votre prochaine voiture.

(Il s'agissait d'une offre réelle.)

Points importants

L'offre « Récupérez votre argent » est idéale pour les entreprises qui exigent de leurs clients qu'ils fournissent des efforts continus pour obtenir le résultat souhaité.

- L'offre « Récupérez votre argent » est remarquable pour les raisons suivantes :
  - o Vous obtenez une importante somme d'argent dès le départ.
  - o Vous obtenez davantage de clients qui acceptent, car vous réduisez leurs risques.

- o Vous obtenez des résultats exceptionnels pour vos clients.

- o Vous fidélisez davantage de clients à long terme.

- o Ils font la promotion de votre offre afin de vous apporter encore plus de clients.

- Le fait d'organiser des réunions dans le cadre du remboursement vous offre d'excellentes occasions de prendre des nouvelles de vos clients et de leur proposer des offres plus adaptées à leurs besoins.

- Tout le monde pense que les entreprises tirent profit des personnes qui échouent dans le programme. Non. Les véritables bénéfices proviennent des personnes qui réussissent *et auxquelles vous avez autre chose à offrir*. Faites-moi confiance sur ce point. Plus vous obtenez de résultats, plus vous gagnerez d'argent. Pensez à long terme.

- Rendez les critères de remboursement faciles à suivre, alignés sur les objectifs des clients et utiles pour l'entreprise.

- N'utilisez l'offre « Récupérez votre argent » que si votre taux de remboursement est inférieur à 5 %. Sinon, améliorez votre produit avant de le faire. Vous risquez d'accorder trop de remboursements.

- Utilisez l'avoir en magasin pour une autre offre, de préférence plus coûteuse. Vous souhaitez que vos clients restent fidèles... alors offrez-leur cette opportunité. Vous ne souhaitez pas que les gens cessent de vous payer.

- Pour augmenter vos ventes et fidéliser davantage de clients, faites en sorte que tout le monde soit gagnant en privé. Ainsi, tout le monde restera surprise et reconnaissant lorsque vous ferez votre offre de upsell.

Exercice n° 1 : Créez votre offre « Récupérez votre argent »

1. Notez ce que le client doit faire ou accomplir (ou les deux) pour pouvoir bénéficier du remboursement. N'oubliez pas de rendre ces actions *faciles à suivre*.

   a. Actions qu'il doit entreprendre pour pouvoir bénéficier du remboursement :

      i. Votre publicité _____

      _____

    ii.   Réunions commerciales auxquelles il doit assister _____

_____

    iii.   Actions qu'il doit entreprendre pour réussir _____

_____

_____

  b. Resultat : _____

2. Décidez si vous souhaitez qu'ils récupèrent leur argent ou un avoir en magasin :

  a. Argent ( )

  b. Avoir ( )

3. Déterminez une offre secondaire plus coûteuse (qui coûte 5 fois plus cher que votre offre initiale) à laquelle appliquer un avoir : _____

_____

CADEAU GRATUIT : Formation vidéo sur les offres de type «Récupérez votre argent»

J'ai généré des revenus considérables grâce à cette offre et je dispose de plus de détails et d'anecdotes que je n'ai pas pu raisonnablement inclure dans le livre. Si cela vous intéresse, j'ai créé une vidéo gratuite à votre intention, sans inscription requise. Pour la visionner, rendez-vous simplement sur acquisition.com/training/money. Vous pouvez également scanner le code QR ci-dessous si vous préférez éviter de taper l'adresse.

SCANNE-MOI

Concours

Un heureux gagnant remportera un an gratuit... participez ici !

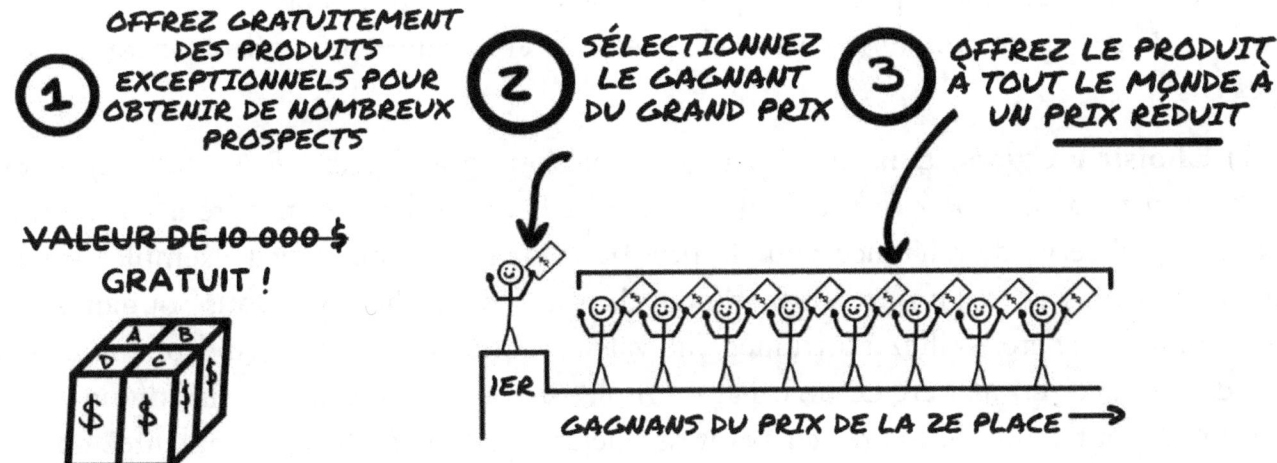

Histoire

Je discutais avec un homme qui dirige une entreprise de certification en fitness. Il m'a parlé d'une méthode très ingénieuse qu'ils utilisent pour obtenir des prospects. Écoutez bien :

Ils annoncent une bourse d'études complète pour leur programme. Les gens postulent et expliquent pourquoi ils devraient être sélectionnés. Ensuite, une personne remporte la bourse complète. Mais voici le plus intéressant : ils accordent des bourses partielles à presque tous les autres candidats.

Lorsqu'ils appellent ces personnes pour leur annoncer qu'elles ont obtenu une bourse partielle, elles sont très enthousiastes. La plupart s'inscrivent immédiatement. En quoi est-ce ingénieux ? Ces personnes ne connaissent pas le prix réel à l'avance, mais elles connaissent la valeur de la bourse complète. Ainsi, lorsqu'elles entendent le prix réduit, elles ont l'impression de faire une bonne affaire.

Cela fonctionne si bien qu'ils doivent parfois limiter les inscriptions. Et ce n'est pas tout : ils enseignent ce même Modèle d'Argent aux formateurs qu'ils certifient. Cela signifie que cela fonctionne aussi bien pour les offres entre entreprises que pour les offres entre entreprises et consommateurs. En fin de compte, les concours génèrent de nombreux prospects qui manifestent leur intérêt pour *votre produit le plus cher*. Que demander de mieux ?

Explication

Les offres de concours annoncent la possibilité de gagner un gros lot en échange de vos coordonnées et de toute autre information que vous souhaitez obtenir. Ensuite, après avoir sélectionné un gagnant, vous proposez à tous les autres participants le grand prix à un prix réduit. Les concours sont également appelés «loteries» ou «tombolas», etc. Ils signifient tous «participez pour avoir une chance de gagner». Pour lancer une offre concours, vous devez :

1) Choisir un grand prix. Faites en sorte que votre grand prix *soit le produit que vous souhaitez que tout le monde achète.* Veillez à attribuer une valeur monétaire à votre grand prix afin qu'il serve de référence pour le prix de la deuxième place. Par exemple, si vous vendez un Faites en sorte que votre grand prix soit un produit que vous souhaitez que tout le monde achète. Veillez à attribuer une valeur monétaire à votre grand prix afin qu'il serve de référence en matière de prix. Par exemple, si vous vendez un produit d'une valeur de 5 000 $ pour 2 000 $, mettez en avant sa valeur de 5 000 $! Si vous souhaitez obtenir davantage de recommandations, offrez deux grands prix. Informez les participants que si une personne qu'ils recommandent gagne, ils remporteront un autre grand prix.

2) Choisir votre prix de participation/prix de bourse partielle. Le prix de bourse partielle est une *réduction* sur le grand prix. Plus la réduction est importante, plus l'offre est intéressante. (Astuce : plus la valeur que vous attribuez à votre grand prix est élevée, mieux c'est !) N'oubliez pas que les prospects ont participé au concours parce qu'ils trouvaient le grand prix intéressant. Le prix de bourse partielle vous permet d'attirer des clients, car vous *leur* offrez à prix réduit ce *qui les intéresse déjà.*

La «réduction» était la «bourse partielle» dans l'histoire. Appelez votre bourse partielle comme vous le souhaitez pour votre entreprise : bourse d'études, carte-cadeau, réduction en dollars, avoir en magasin, bons d'achat, etc.

3) Demander leurs coordonnées en échange d'une chance de gagner. De plus, je vérifie *leur éligibilité* au prix, puis je leur demande de faire *les actions* nécessaires pour y prétendre.

4) Admissibilité : je demande s'ils sont faits pour mes produits. Par exemple : «*Possédez-vous une clinique vétérinaire ?*» ou des questions plus axées sur le caractère/les besoins telles que «*Pourquoi devriez-vous être sélectionné ?*» Vous pouvez obtenir des informations précieuses de chaque prospect, car vous pouvez les intégrer au processus d'inscription. Obtenez des informations qui indiquent comment votre offre leur apportera de la valeur. Cela devient important pour faire des offres ultérieurement.

5) Actions requises : Autres actions que les participants doivent effectuer pour être admissibles au tirage au sort. J'utilise également ces actions pour les inciter à promouvoir davantage mon concours ou à manifester un intérêt plus marqué. Par exemple : participer à un appel ou à un événement, publier un message, rejoindre un groupe, etc.

6) Fixez une date limite au concours pour créer un sentiment d'urgence. Renforcez l'urgence de votre concours en le limitant à une durée déterminée. Je recommande une durée de trois à sept jours. Dès que les prospects s'inscrivent au concours, informez-les quotidiennement. Tout d'abord, indiquez-leur combien de temps il leur reste avant l'annonce du gagnant. Vous pouvez le faire par e-mail, par messages directs, par SMS, par des publications sur les réseaux sociaux, etc. Faites-le autant que possible. Une fois par jour sur toutes les plateformes, c'est suffisant. Ensuite, apportez de la valeur ajoutée à votre compte à rebours. Montrez à tout le monde les avantages du grand prix, à quel point ils devraient être enthousiastes, et renvoyez tout le monde vers les preuves sociales. Entretenez l'engouement ! Organisez votre concours pendant sept jours, ou jusqu'à ce que le nombre d'inscriptions atteigne le nombre de personnes que vous pouvez contacter en sept jours, selon la première éventualité.

7) Annoncez le gagnant du grand prix et commencez à contacter tous les autres participants. Annoncez publiquement le gagnant du grand prix, puis envoyez un message privé à tous les autres participants éligibles. C'est là que réside la magie : *autant de personnes que vous le souhaitez peuvent gagner la bourse partielle ou la réduction*. Informez-les par SMS, e-mail et message privé. Dans ce message, demandez-leur de prendre rendez-vous par téléphone pour récupérer leur prix.

Pour vous assurer qu'ils utilisent leur prix partiel, ajoutez une autre date limite. Fixez la date d'expiration de la bourse partielle à sept jours. Le deuxième compte à rebours fonctionne comme le premier : présentez les avantages, plus de preuves sociales et d'autres éléments intéressants concernant votre offre. Donnez-leur la possibilité de prendre rendez-vous pour réclamer leur prix. Si vous rencontrez des difficultés avec des personnes qui manquent leurs rendez-vous et que la loi le permet, facturez des frais de non-présentation. Cela incitera davantage de personnes à se présenter.

Expliquez aux gagnants de la bourse partielle le rapport coût-valeur *de leur remise*. Ma règle d'or : faites en sorte que votre réduction de bourse partielle soit égale à 10 %-30 % de vos marges brutes. Supposons que nous annonçons un grand prix d'une « valeur de 5 000 $ » avec un prix de vente au détail de 2 000 $. Le bénéficiaire de la bourse partielle l'obtient pour 1 800 $ (une remise de 10 % sur le prix de détail). Lorsque nous leur annonçons qu'ils ont remporté la bourse partielle, nous leur expliquons qu'ils obtiennent une valeur de 5 000 $ pour un prix de 1 800 $. En comparant la valeur de l'article à ce qu'ils paient, une remise de 10 % se traduit par une différence de 64 % entre le coût et la valeur !

Si quelqu'un refuse votre offre de remise principale, proposez-lui un autre produit ou service à prix réduit. Il correspondra peut-être mieux à ses besoins.

Conclusion : n'oubliez pas que toutes les personnes qui ont participé au concours ont manifesté leur intérêt pour votre produit. Et si quelqu'un manifeste de l'intérêt pour un produit que vous proposez, *offrez-le-lui.*

Exemple de concours gratuits

Offre dentaire — Concours gratuit pour un sourire parfait

Grand prix : un ensemble gratuit d'appareils dentaires invisibles d'une valeur de 6 000 $.

Bourse partielle/offre promotionnelle : carte-cadeau d'une valeur de 2 000 $ pour des appareils dentaires

Offre de produits physiques — Un an de nourriture bio pour chien gratuit

Grand prix : un an de nourriture bio pour chien gratuit — valeur au détail de 1 000 $

Bourse partielle/offre promotionnelle : carte-cadeau de 300 $ pour de la nourriture pour chien, *utilisable uniquement avec un abonnement d'un an*

Offre de services : cadeau exclusif gratuit

Grand prix : forfait gratuit d'un an — valeur au détail de 5 000 $

Bourse partielle/offre promotionnelle : bon d'achat de 2 000 $ valable pour un contrat de service d'un an

Offre de consulting — Programme de redressement gratuit de 16 semaines

Grand prix : programme de 16 semaines — valeur au détail de 12 000 $

Bourse partielle/offre promotionnelle : bourse partielle de 6 000 $

Exercice n° 2 : Créez votre offre promotionnelle

1. Choisissez votre grand prix : _____

    a. Choisissez si vous souhaitez doubler le prix pour encourager les recommandations (O / N)

2. Choisissez votre offre de bourse partielle : _____

3. Veuillez indiquer les informations que vous souhaitez collecter :

    a. Information du contact : _____

    b. Critères d'éligibilité : _____

    c. Actions à réaliser : _____

4. Fixer la date limite pour : _____

    a. Fin du tirage au sort : _____

    b. Fin de la période de réclamation des prix : _____

CADEAU GRATUIT : Formation bonus sur les offres concours

Les concours constituent l'une des offres les plus attractives au monde. Elles sont si avantageuses qu'elles doivent être réglementées. Après tout, qui ne souhaite pas obtenir quelque chose sans contrepartie ? J'ai réalisé une formation vidéo gratuite qui traite ce sujet en profondeur. Si vous appréciez ce sujet autant que moi, vous pouvez la consulter à l'adresse acquisition.com/training/money. Comme toujours, vous pouvez également scanner le code QR ci-dessous si vous préférez éviter de taper l'adresse. Profitez-en.

Offre leurre

Lequel, selon vous, vous donnera les meilleurs résultats?

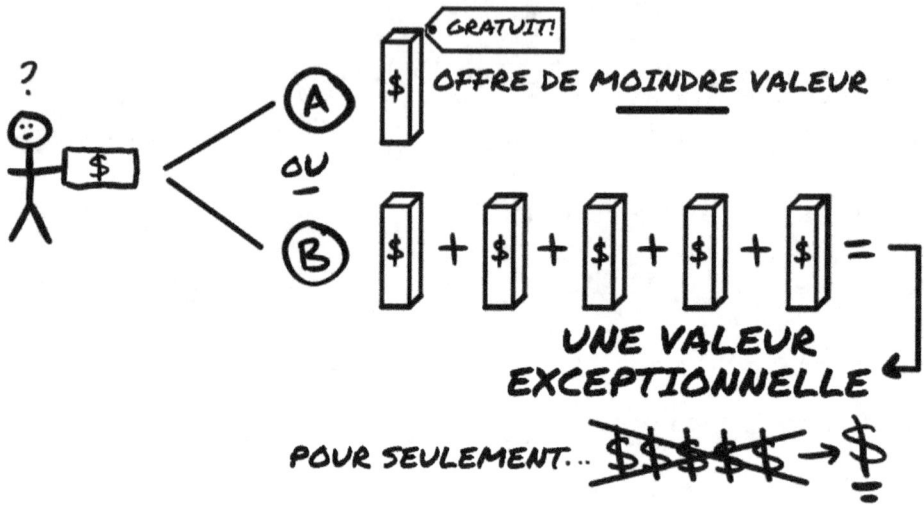

Histoire

John était mon deuxième mentor. C'était un homme d'affaires à la retraite qui m'invitait dans sa maison au bord du lac. Nous roulions dans sa voiture et il me racontait des histoires pendant des heures. Il me donnait toutes sortes de conseils sur les affaires, notamment sur le rapport prix/valeur, les offres à bas prix, etc.

Un jour, il m'a parlé d'une initiative ingénieuse mise en place dans son salon de bronzage : le pass VIP de 5 jours à 5 dollars. Voici pourquoi cela a fonctionné : tout le monde pense pouvoir bronzer en cinq jours. Cependant, ce n'est pas vraiment le cas. Alors, quand les clients venaient, ils leur expliquaient qu'il ne fallait pas brûler leur peau, comme lorsqu'on cuit une dinde trop rapidement. Puis ils leur proposaient : « Pourquoi ne pas utiliser ce pass à 5 $ pour un abonnement mensuel ? Cela ne coûte que 19,99 $ pour un bronzage illimité. C'est bien moins cher que de payer 25 $ par séance de bronzage. » Les clients comprenaient l'intérêt de l'offre. Une upsell facile.

Cinq ans plus tard, je dirige ma propre salle de sport. Nous avons rencontré un problème : nos prospects dans le fitness sont devenus extrêmement coûteux. Je me creuse la tête pour trouver une solution, puis je me souviens de la méthode de John avec les pass de bronzage.

Nous avons donc essayé quelque chose de similaire. Nous avons proposé une option bon marché pour attirer les clients, puis nous leur avons proposé un forfait « Premium » haut de gamme à 399 $. Il comprenait toutes les options possibles et imaginables, ainsi qu'une garantie. Et le plus intéressant, c'est que 70 à 80 % des clients ont opté pour l'option la plus chère. Nous avons de nouveau rencontré un franc succès.

La grande leçon à retenir ? Donnez aux clients ce qu'ils veulent maintenant, afin de pouvoir leur donner ce dont ils ont besoin plus tard. Et faites toujours en sorte que votre offre premium soit clairement la plus avantageuse. C'est tout l'art de l'offre leurre. John m'a enseigné le secret : vous devez mieux connaître les besoins de vos clients qu'eux-mêmes.

Explication

Les offres leurres font la promotion d'un produit gratuit ou à prix réduit. Ensuite, lorsque les prospects demandent plus d'informations, vous leur présentez également une offre premium plus intéressante. L'offre premium comprend davantage d'options, d'avantages, de bonus, de garanties, etc. En présentant côte à côte vos offres leurres et vos offres premium, les prospects peuvent constater à quel point votre offre premium est plus avantageuse. J'apprécie les offres leurres car elles permettent d'attirer davantage de clients. Les clients choisissent soit la version leurre, soit la version premium. S'ils optent pour la version premium, c'est excellent. S'ils choisissent la version leurre, c'est également excellent. Cela vous donne le temps de les faire passer à la version premium plutôt que de les perdre. Dans tous les cas, vous pouvez conclure avec tout le monde. Cela permet d'acquérir de nouveaux clients à moindre coût et de manière rentable. Et toutes les entreprises peuvent y avoir recours.

Voici les étapes à suivre pour créer une offre leurre :

1) Faites la promotion d'une version moins chère, plus petite ou plus simple de votre offre premium comme leurre.

2) Lorsque les prospects s'y intéressent, proposez les deux options, mais mettez l'accent sur l'offre premium.

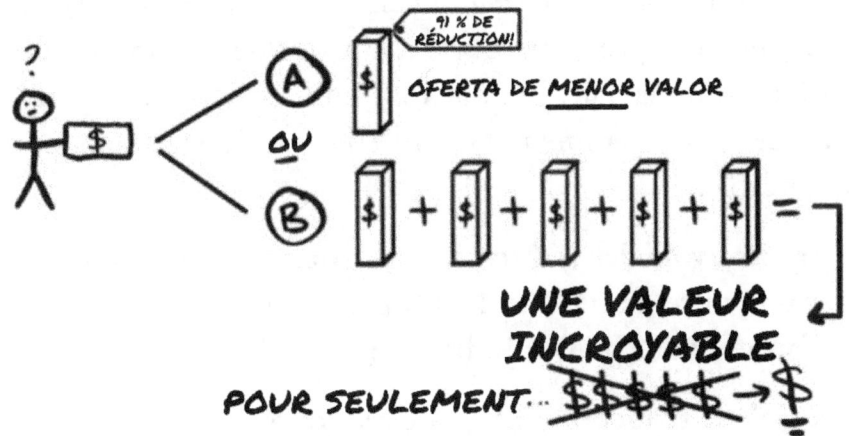

Exemple :

Centre de relaxation par flottaison (service)

Offre d'attraction : «6 semaines de relaxation gratuite» **OU** «6 semaines de relaxation pour 6 $».

Option leurre : une séance de flottaison par mois avec des exercices de relaxation à faire chez soi.

Option premium : deux séances de flottaison par semaine pendant 6 semaines, consultation individuelle, journal, routine de sommeil. Satisfaction garantie.

Offre de salle de sport (entreprise locale)

Offre d'attraction : «Transformation gratuite de 21 jours» **OU** «Transformation de 21 jours pour 21 $».

Option leurre : entraînements effectués dans un groupe Skool.com une fois par jour. Programme nutritionnel général. Possibilité de visionner les enregistrements. Aucun soutien. Aucune garantie.

Option Premium : entraînements illimités, programme nutritionnel personnalisé, suivi individuel, résultats garantis (ou 21 jours supplémentaires offerts).

Points importants

Comment formuler votre offre leurre. Proposez moins d'options, des modèles plus anciens ou des versions moins personnalisées de votre offre premium. Supprimez également toute garantie. Votre offre d'attraction doit uniquement susciter l'intérêt des prospects. Rien de plus.

Mettez en avant les avantages, pas les caractéristiques. Nous voulons leur vendre le résultat rêvé. Nous vantons une *transformation* en 21 jours, pas des séances d'entraînement et des plans alimentaires. Les prospects obtiennent des détails spécifiques sur les produits lors de la présentation commerciale, *pas* dans la publicité ! Les jets privés et les bateaux à rames peuvent tous deux vous emmener sur une île exotique, mais l'option premium est certainement plus agréable.

Vous pouvez promouvoir des réductions de quatre manières différentes. Supposons que vous proposiez une offre annuelle à 100 $ par mois. Si vous souhaitez que les clients paient 900 $ pour l'année, vous pouvez indiquer :

1) Pourcentage de réduction : 25 % de réduction

2) Montant absolu : 300 $ de réduction

3) Partie gratuite : 3 mois gratuits

4) Forfait total : un an pour 900 $ (1 200 $)

Toutes ces formules ont la même signification. Il est recommandé de tester laquelle marche le mieux sur votre marché.

Créez un contraste <u>important</u>. La valeur de l'option premium réside dans les différences significatives par rapport à l'option leurre. Veillez donc à ce que l'option leurre soit aussi basique que possible. Ensuite, rendez l'option premium aussi attrayante que possible. Plus le contraste est *important, plus l'offre est avantageuse* et plus les clients seront nombreux à l'accepter. Envisagez d'ajouter des options, des avantages, des bonus, des garanties, etc.

Les offres promotionnelles ont un taux de participation plus élevé que les offres gratuites. D'après mon expérience, si vous proposez une offre d'attraction gratuite, vous obtiendrez davantage de prospects. Si vous proposez une offre promotionnelle, vous obtiendrez moins de prospects, mais un pourcentage plus élevé se présentera. Par conséquent, si vous constatez de faibles taux de participation aux rendez-vous, essayez plutôt une offre promotionnelle. Cela est particulièrement important pour les entreprises où le coût de la non-participation est élevé (comme les médecins, les avocats, les dentistes, etc.).

Si possible, présentez d'abord l'offre premium. Dans un monde idéal, ils acceptent immédiatement l'offre premium. L'offre leurre reste dans votre poche. S'ils viennent spécifiquement demander l'option leurre dès le départ...

Obtenez leur permission pour leur vendre votre produit. S'ils demandent à en savoir plus sur votre offre leurre, que vous êtes légalement tenu de la leur présenter ou que vous préférez la présenter en premier, voici comment je procède :

Posez-leur une question simple : « Êtes-vous ici pour obtenir des *produits gratuits ou des résultats durables ?*»

Et dès qu'ils répondent «des résultats», ce que font la plupart des gens, passez directement à votre offre premium.

S'ils répondent «des produits gratuits», présentez l'offre leurre, puis comparez-la immédiatement à votre offre premium. Ce n'est qu'<u>après</u> avoir présenté <u>les deux offres</u> que vous leur demanderez : *«Selon vous, laquelle vous permettra d'atteindre votre objectif plus rapidement ?»* ou *« Que préférez-vous : XXX avantage moins intéressant ou YYY avantage plus intéressant 1, 2, 3… ?»* À ce stade, ils devront choisir l'offre premium. Vous pourrez alors poursuivre la vente, en convenant ensemble que c'est la meilleure option pour eux.

Lorsque vous présentez votre offre premium, *montrez-vous enthousiaste.* Présentez-la comme supérieure à l'offre leurre, car c'est le cas. Et, en supposant que ce soit le cas, expliquez en quoi elle correspond mieux au client. Votre enthousiasme incite les gens à choisir les options qui leur apporteront le plus de valeur.

Du point de vue de la vente, vous devez parler au prospect comme si vous saviez déjà qu'il acceptera votre offre. De nombreux commerciaux appellent cela une «conclusion présumée». Vous agissez en partant du principe *que c'est ce que tout le monde fait. Ce n'est qu'une formalité. Permettez-moi de prendre votre pièce d'identité et votre carte de crédit afin que vous puissiez bénéficier de votre avantage.* Pas de battage publicitaire. Juste une attitude amicale. Presque ennuyé par la régularité avec laquelle les gens achètent.

Avantage surprise (facultatif). Pour aller plus loin, si quelqu'un choisit l'option leurre, vous pouvez choisir de le surprendre avec quelques fonctionnalités à faible coût ou gratuites issues de votre offre premium. Dites simplement quelque chose comme : «Je vais vous offrir ceci, même si cela fait partie de notre offre premium, simplement parce que je souhaite que vous obteniez d'excellents résultats.» Cela renforce la bonne volonté, dépasse les attentes et augmente les chances qu'ils acceptent vos ventes upsells ultérieurement. N'oubliez pas qu'il s'agit toujours de prospects !

Attendez-vous à gagner de l'argent rapidement. Si ce n'est pas le cas, augmentez la différence entre les offres.

Exercice n° 3 : Créez votre offre leurre

1. Notez les quatre façons dont vous pourriez faire de la publicité : GRATUIT ou REMISE

   a. GRATUIT : _____

   b. % DE REMISE : _____

   c. Montant absolu de la remise : _____

   d. PART GRATUITE : _____

2. Veuillez indiquer l'offre leurre et le prix : _____
   _____

3. Veuillez indiquer votre offre premium plus avantageuse et son prix : _____
   _____

Achetez X, obtenez Y gratuitement

Achetez un chiot, recevez-en deux gratuitement !

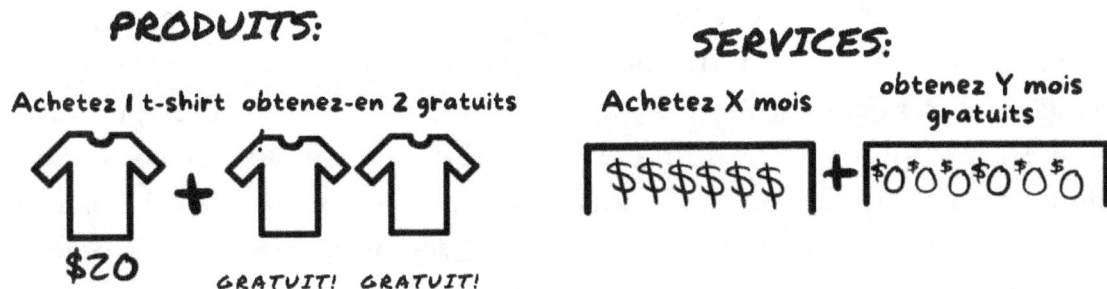

Histoire

Il existe un magasin à Nashville appelé Boot Factory. Il est présent depuis toujours, ayant survécu à tous les autres lieux touristiques. Il est doté d'une immense enseigne lumineuse représentant une botte de cow-boy plus grande qu'une voiture, et son offre est exceptionnelle : achetez une paire, obtenez deux paires gratuites.

Enfant, je trouvais cela incroyable. Comment pouvaient-ils rester en activité en offrant autant ? Cependant, des années plus tard, avec une certaine expérience des affaires, j'y suis retourné et j'ai compris.

Voici le concept ingénieux : ils augmentent le prix d'une paire pour couvrir le coût de trois. Ainsi, cette « offre finale »... pour une paire à 600 dollars... couvre en réalité trois paires. Cependant, la façon dont ils présentent les choses donne l'impression que vous bénéficiez d'une offre exceptionnelle. Et les gens en raffolent.

Explication

Dans les offres « Achetez X, obtenez Y gratuitement », lorsque les clients achètent quelque chose, ils reçoivent d'autres articles gratuitement. Plus ils reçoivent d'articles gratuits et plus leur valeur est élevée, plus cela fonctionne. Les offres gratuites attirent *beaucoup* plus l'attention que les offres de réduction. Cependant, si vous n'avez qu'un seul produit à vendre et que vous le donnez, *vous ne gagnerez plus rien.* Dans ce genre de situation, les entreprises ont tendance à privilégier les promotions. Elles organisent des « soldes » en s'appuyant sur les fêtes, les changements de saison ou tout autre événement pour baisser *temporairement* leurs prix et attirer plus de clients.

Cependant, en proposant plusieurs articles à la fois, vous pouvez transformer les offres promotionnelles en *offres gratuites* encore plus avantageuses. Lorsque vous avez plusieurs articles, vous pouvez augmenter la valeur de la remise afin qu'elle couvre le prix d'autres articles. Par exemple, je pourrais vendre trois t-shirts à 10 $ chacun pour un total de 30 $, *ou* je pourrais vendre un t-shirt à 30 $ et en offrir deux gratuitement. <u>Le prix est le même, mais vous obtenez *beaucoup plus d'articles gratuits !*</u>

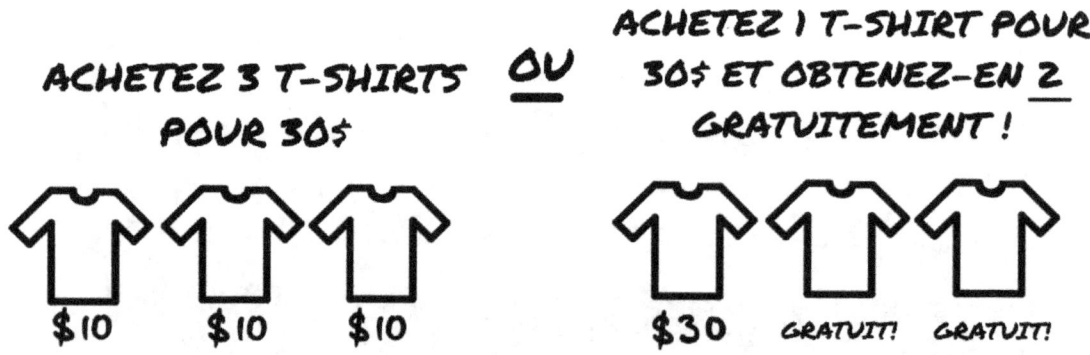

Et si je souhaitais proposer une réduction (plutôt que de *simplement* reformuler le prix), je pourrais procéder ainsi. Je pourrais vendre trois t-shirts à 6,67 $ chacun pour un total de 20 $ (remise de 33 %), *ou*, en conservant la même remise, je pourrais vendre un t-shirt à 20 $ et en offrir deux gratuitement. <u>Le prix est identique, mais *vous obtenez encore plus d'articles gratuits !*</u>

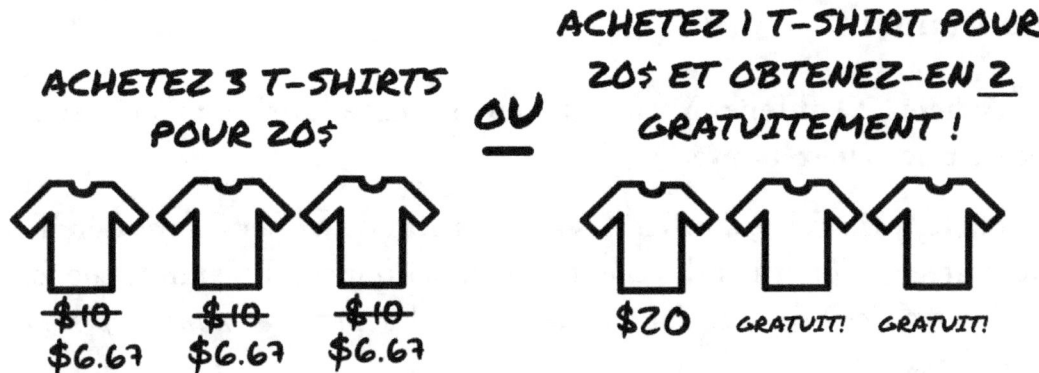

Boot Factory a opté pour la première option. Ils ont triplé le prix d'une paire de bottes et ont ajouté de la valeur... en offrant plus de bottes. Et une paire de bottes coûteuses avec deux paires gratuites permet à *Boot Factory* d'attirer plus de clients que la vente d'une seule paire à un prix raisonnable. De plus, si vous pouvez inclure *des articles gratuits*, cela attirera encore plus de clients.

Exemples

Achetez 1 produit physique et obtenez-en 2 gratuits : (l'offre de *Boot Factory*)

- Une paire de bottes : 200 $

- Offre «Achetez X, obtenez Y gratuitement» : achetez une paire à 600 $, obtenez deux paires gratuites

- Résultat final : ils achètent toujours trois paires de bottes à 200 $ pour un total de 600 $.

3 versions : 18 mois de services, également appelés «3 paires de bottes»

Bon : *«Achetez 12 mois, obtenez 6 mois gratuits»* - 1 800

Meilleure : *«Achetez 9 mois, obtenez 9 mois gratuits»* - 1 800 $

Optimal : *«Achetez 6 mois, obtenez 12 mois gratuits»* - 1 800 $

Tout le monde paie le même prix pour la même quantité de services. Cependant, la troisième option est la plus intéressante. (Indice : c'est celle qui offre le plus d'avantages gratuits !)

Points importants

L'offre « Achetez X, obtenez Y gratuitement » incite les clients à acheter davantage *et* leur apporte une valeur ajoutée.

Augmentez les prix avant d'offrir des articles afin de préserver vos bénéfices. Si vous utilisez cette stratégie pour attirer des clients, elle fonctionnera. Et comme elle fonctionnera, vous devez générer des revenus. Augmentez donc les prix *de manière permanente* pour compenser la remise.

L'offre « Achetez X, obtenez Y gratuitement » fonctionne mieux si vous proposez plus d'articles gratuits que d'articles payants.

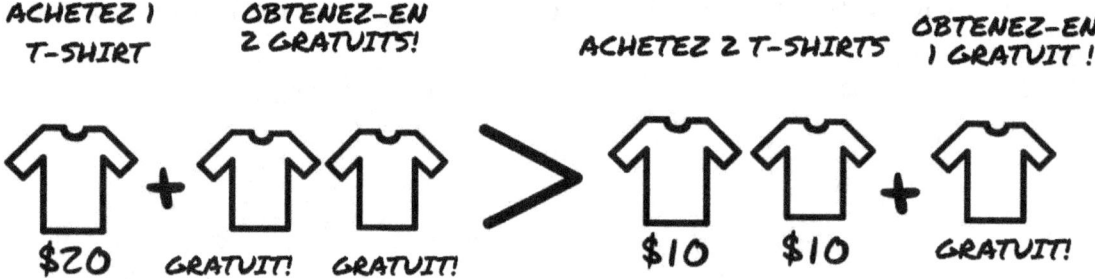

L'offre « achetez-en deux, obtenez-en un gratuitement » n'est pas aussi efficace que « achetez-en un, obtenez-en deux gratuitement ». Pour qu'elle fonctionne mieux, offrez plus de produits gratuits que vous ne demandez aux clients d'acheter. Ajustez simplement les prix jusqu'à ce que cela vous convienne.

Les articles gratuits peuvent être différents des articles payants.

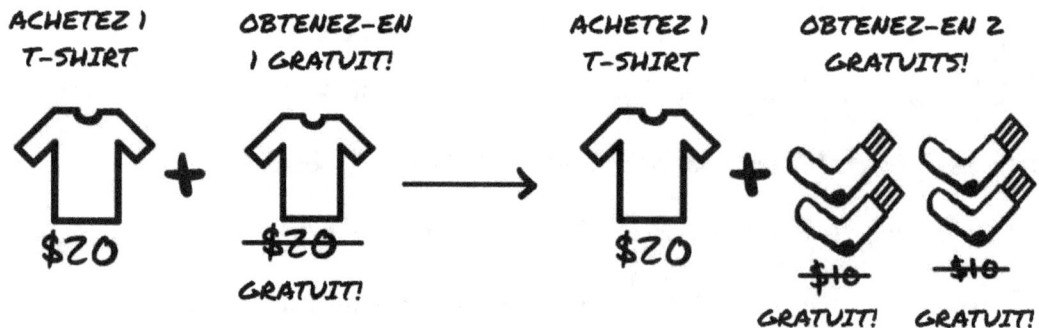

Vous pouvez mélanger et assortir ce que vous souhaitez. Assurez-vous simplement que la valeur des *différents* articles gratuits rende l'offre toujours intéressante. Exemple : supposons que des chaussettes aient une valeur de 10 $. Si les clients achètent une chemise à 10 $ mais reçoivent 20 $ de chaussettes gratuites, cela peut sembler être une meilleure affaire.

Il est préférable d'offrir plusieurs articles gratuits moins chers plutôt que quelques articles gratuits plus coûteux.

Supposons que je ne puisse me permettre d'offrir qu'une seule chemise gratuitement, mais que pour le même coût, je puisse offrir trois paires de chaussettes. Je testerais probablement l'offre «Achetez 1 chemise, obtenez 1 chemise gratuite» par rapport à «Achetez 1 chemise, obtenez _3_ chaussettes gratuites». Les chaussettes coûtent moins cher qu'une chemise, mais les clients voient toujours «achetez <u>un</u> article, obtenez <u>trois</u> articles gratuits». Parfois, _plus_ d'articles moins chers fonctionnent mieux que _moins_ d'articles coûteux.

Ne faites pas ce type d'offres si vous ne pouvez pas gérer votre liquidité. Si les offres «Achetez X, obtenez Y gratuitement» génèrent d'importants flux de trésorerie pour une entreprise, vous devez être en mesure de tenir vos promesses. Ainsi, si vous recevez en un mois l'équivalent d'une année entière de paiements, _assurez-vous de pouvoir honorer vos engagements_ pendant toute l'année.

Proposez cette offre à vos clients existants pour obtenir des liquidités rapidement. Si vous avez déjà une activité à abonnement et que vous avez besoin de liquidités rapidement, vous pouvez proposer cette offre à vos clients existants. Limitez simplement le nombre de personnes pouvant bénéficier de cette offre à 10 % de votre clientèle.

Même si les clients paient d'avance, vous pouvez toujours leur proposer d'autres produits plus tard. Beaucoup de gens ne souhaitent pas faire d'autres offres aux clients qui paient d'avance. C'est une erreur. D'après mon expérience, ce sont ces personnes qui dépensent le plus d'argent. Proposez-leur d'autres offres et ils achèteront.

Si les clients n'achètent qu'une seule fois, maximisez leur achat : si vous n'avez qu'une seule chance, autant la saisir !

Exercice n° 4 : Reformulez votre offre en la présentant comme « gratuite »

Choisissez une offre existante dans votre entreprise (produit, service ou forfait). Réécrivez-la sous la forme d'une offre « *Achetez X, obtenez Y gratuitement* » sans modifier la valeur totale échangée. Exemple : au lieu de « 3 mois pour 300 $ », essayez « Achetez 1 mois, obtenez 2 mois gratuits ».

Écrivez votre version ci-dessous :

Offre actuelle : _____

Offre reformulée : _____

Pourquoi cette reformulation semble plus convaincante : _____

_____

Exercice n° 5 : Testez la règle « plus d'articles gratuits que payants »

Énumérez trois variantes d'une idée « *Achetez X, obtenez Y gratuitement* » pour votre entreprise. Assurez-vous que chaque version offre plus d'articles ou de temps gratuits que payants. Ensuite, entourez celle qui semble la plus irrésistible pour votre public.

1. Achetez _____ et obtenez _____ gratuitement

2. Achetez _____ et obtenez _____ gratuitement

3. Achetez _____ et obtenez _____ gratuitement

   Offre choisie : _____

   Pourquoi elle l'emporte : _____

   _____

CADEAU GRATUIT : Achetez X et obtenez Y gratuitement - Cours vidéo

Achetez X et obtenez Y gratuitement vous permet d'obtenir beaucoup d'argent et beaucoup de clients. Il vous suffit de savoir calculer. J'ai réalisé une vidéo gratuite pour vous présenter quelques façons créatives de l'utiliser. Vous pouvez regarder la vidéo gratuitement sur acquisition.com/training/money. Si vous préférez éviter de taper l'adresses, scannez le code QR ci-dessous.

Payez moins maintenant ou payez plus plus tard

Le temps, c'est de l'argent - Benjamin Franklin

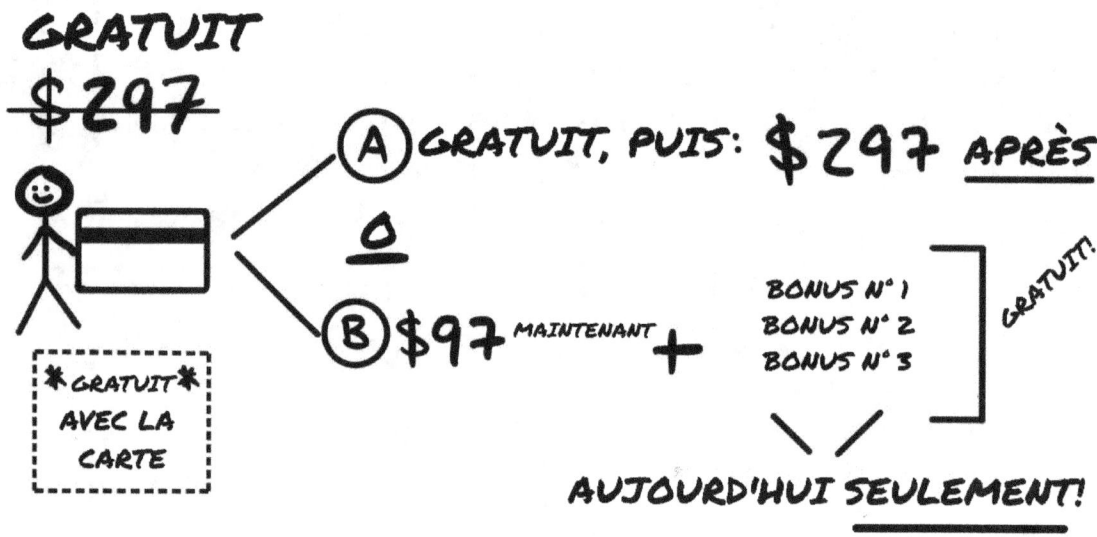

Juin 2016.

Une annonce a attiré mon attention : *« Doublez votre vitesse de lecture en 3 heures, ou c'est gratuit. »* J'ai ouvert et parcouru le texte. À l'intérieur, le lecteur le plus rapide au monde proposait une formation gratuite pour doubler ma vitesse de lecture en trois heures. Je me suis donc inscrit. Pourquoi pas ?

La page d'inscription indiquait : «Vous pouvez enregistrer votre carte de crédit pour 0 $ et être facturé 297 $ demain. Et si votre vitesse de lecture ne double pas, il vous suffit de nous envoyer un e-mail avant cette date et nous annulerons la facturation. Cependant, vous devez participer pour être éligible.» Ou «vous pouvez simplement payer 97 $ dès maintenant et, en bonus gratuit, obtenir les enregistrements, qui ne seront vendus nulle part ailleurs.»

J'ai choisi la première option. Je souhaitais voir si ma vitesse de lecture doublait avant de payer quoi que ce soit. Pendant toute la formation, je m'attendais à ce qu'il me vende d'autres produits. Mais il m'a simplement apporté une valeur ajoutée. Après deux heures, grâce à ses techniques, ma vitesse de lecture avait doublé. *Impressionnant.* La formation avait tenu ses promesses. Il méritait ses 297 $.

Après cela, il m'a expliqué comment je pouvais apprendre à lire encore plus vite grâce à son programme de formation de huit semaines. J'étais satisfait de mes résultats, j'ai donc choisi de ne pas acheter le produit supplémentaire. Il m'a enseigné une compétence que j'utilise encore aujourd'hui. Cependant, la véritable valeur ajoutée venait de l'apprentissage d'une toute nouvelle offre d'attraction.

Explication

Dans «Payez moins maintenant ou payez plus plus tard», vous offrez aux clients la possibilité de payer le prix plein plus tard OU de bénéficier d'une remise immédiate. Cette stratégie est particulièrement efficace, car elle élimine tout risque pour le client. Ils paient plus tard et uniquement s'ils sont satisfaits. Elle combine ainsi les avantages d'un paiement différé et d'une garantie de satisfaction. Tout le monde peut vendre ce concept. Presque tout le monde acceptera de payer plus tard s'il est satisfait. Cependant, une fois qu'il a accepté de payer plus plus tard, vous pouvez l'inciter à payer maintenant en lui proposant des remises importantes et des bonus intéressants.

L'option de paiement différé vous permet de proposer une offre «gratuite», car les clients peuvent choisir de payer ou non. Cela permet d'attirer de nombreux prospects. Cependant, cette offre gratuite présente un avantage supplémentaire : nous conservons leur numéro de carte bancaire dans nos dossiers. S'ils choisissent cette option et ne sont pas satisfaits du produit, ils peuvent annuler leur commande à tout moment avant que le paiement ne soit effectué.

S'ils acceptent l'option de paiement différé, nous leur proposons ensuite de payer immédiatement. Les options de paiement immédiat offrent une remise de 20 à 50 % et des bonus plus importants. Et comme nous avons déjà enregistré leur carte, nous leur facilitons le paiement.

Qu'ils choisissent de payer immédiatement ou ultérieurement, vous avez des clients et, probablement, un certain bénéfice. Cependant, pour tirer pleinement parti de cette offre, il est souhaitable de disposer d'autres produits à vendre. Veillez donc à proposer quelque chose de plus, de mieux, de plus récent au moment opportun. Et ne vous inquiétez pas, nous aborderons en détail les upsells dans le chapitre suivant.

Exemples :

Trouvez votre première transaction immobilière — Atelier gratuit de 3 jours

Paiement différé : 0 $ pour l'atelier de 3 jours. Les participants sont facturés 500 $ à la fin, sauf s'ils annulent.

Paiement immédiat : 299 $ pour l'atelier de 3 jours plus les enregistrements, un appel individuel avec un expert certifié en biens immobiliers en difficulté, ainsi que des documents imprimés à utiliser (remis lors de l'atelier).

Upsell : 30 000 $ pour vous accompagner à chaque étape de la conclusion de votre première transaction dans les six mois, *plus* : des modèles juridiques, un conseiller pour évaluer l'investissement, une liste de contrôle pour l'inspection, etc.

Service aux entreprises locales : taille gratuite de vos haies

Paiement différé : 0 $ pour la tonte de la pelouse + la taille des haies, puis 599 $ après.

Paiement immédiat : 369 $ pour la tonte de la pelouse + la taille des haies + le traitement de la pelouse.

Upsell : 199 $ par mois pour des services d'entretien de pelouse.

Le représentant se rend à votre domicile, établit un devis et vous propose les deux options, puis procède à la upsell une fois le travail terminé.

Produits physiques : essai de vêtements pendant 14 jours

Paiement différé* : 0 $ maintenant. Recevez les articles. Puis recevez une facture de 149 $ dans 14 jours.

Paiement immédiat : 97 $ pour le vêtement + un accessoire assorti.

Upsell : la robe est accompagnée d'une offre d'abonnement mensuel pour recevoir d'autres vêtements similaires.

Les clients doivent retourner le produit dans un état neuf avant la facturation pour bénéficier de la garantie.

Points importants

Promettez un résultat clair (oui/non). Tout d'abord, faites en sorte que votre promesse aboutisse à un résultat clair (oui ou non). Ensuite, assurez-vous de pouvoir la tenir dans les délais impartis. Si vous ne le faites pas, les clients demanderont à ne pas être facturés. Faites en sorte que votre promesse soit simple, claire et mesurable. Cela évitera les annulations inutiles.

Proposez une garantie de satisfaction conditionnelle. *Les clients ne peuvent annuler la facturation que s'ils remplissent les conditions requises.* Veillez à suivre les conditions nécessaires pour bénéficier de la garantie. Pensez à la participation, au respect des rendez-vous, à la remise des données, etc. Définissez les critères que les clients doivent remplir pour tirer le meilleur parti du produit.

Optimisez vos offres « Payer maintenant » et « Payer plus tard ». Si trop de personnes choisissent l'option « Payer plus tard », augmentez la remise sur l'option « Payer maintenant », ajoutez de meilleurs bonus, ou les deux. Si trop de personnes choisissent l'option « Payer maintenant », procédez à l'inverse.

- L'option *« Payer plus tard »* prévoit un paiement différé avec une garantie conditionnelle.

   o Définissez des critères clairs pour bénéficier de la garantie et des moyens simples pour les évaluer.

   o Si possible, alignez les critères sur ce qui permet aux clients de tirer le meilleur parti du produit.

- L'option *« Payer maintenant »* offre une remise de 20 à 50 % et des bonus *si les clients paient immédiatement.*

   o Proposez l'option *« Payer maintenant »* aux clients <u>après</u> qu'ils aient accepté l'option *« Payer plus tard ».*

   o S'ils choisissent *de payer maintenant,* ils bénéficient de la remise et des bonus *au lieu de* la garantie.

Si plus de 10 % des personnes ayant choisi l'option « Payer plus tard » annulent leur paiement, cela signifie que vous avez promis trop, que les conditions de garantie sont trop faibles ou que le prix est trop élevé. <u>Remarque</u> : même si vous fournissez un service de qualité, *certaines* personnes annuleront leur paiement. Ce n'est pas grave. Intégrez cela dans vos coûts d'exploitation. Accordez une attention particulière à ceux qui affirment ne pas avoir reçu ce qui leur avait été promis avant la date limite d'annulation.

Cela fonctionne également pour les entreprises par abonnement. Vous leur offrez simplement la possibilité de payer un tarif plus élevé 30 jours plus tard, *ou bien* ils paient moins aujourd'hui et conservent le tarif réduit pour toujours. De plus, ajoutez quelques bonus. Pour plus de détails, consultez *le chapitre V : offres d'abonnement, sous-chapitre : Offres bonus sur abonnement.*

Exercice n° 6 : Créez votre offre «Payez moins maintenant, payez plus plus tard»

Utilisez le modèle ci-dessous pour esquisser votre propre version de cette structure d'offre. Assurez-vous que la version «Payer plus tard» comprend une garantie conditionnelle et que la version «Payer maintenant» comprend une remise et des bonus.

Produit/Service : _____

Offre «Payer plus tard» : _____

Offre «Payer maintenant» : _____

Condition de garantie (par exemple, participation, utilisation) : _____

_____

Exercice n° 7 : Identifiez une promesse claire «oui/non»

Écrivez un résultat simple et mesurable que votre produit ou service pourrait promettre et qui peut être clairement suivi pendant une période d'essai ou gratuite. Assurez-vous qu'il s'agit d'un résultat «oui» ou «non».

Avant : _____

Après : _____

Comment je mesurerai le succès (mesure ou condition) : _____

_____

CADEAU GRATUIT : Formation «Payez moins maintenant, payez plus plus tard» [sans inscription]

Il s'agit de l'une des offres les plus créatives que j'ai jamais observées ou utilisées. Elle fonctionne particulièrement bien avec les produits numériques et les services de courte durée. Ces offres peuvent être remarquablement efficaces et également «agréables». Elles sont également très faciles à enseigner aux vendeurs. Si vous souhaitez en savoir plus à leur sujet, j'ai créé une formation approfondie gratuite pour vous sur acquisition.com/training/money. Scannez le code QR ci-dessous pour un accès rapide et facile.

Offre de bonne action gratuite

Celui qui a dit que l'argent ne fait pas le bonheur n'en a pas donné assez.

« Je suis devenu tétraplégique en 2018 et je vivais de l'aide sociale jusqu'à ce que je découvre votre contenu et votre livre... J'ai gagné 50 000 dollars au cours des 12 mois suivants en tant que travailleur indépendant. » - Danny W.

J'ai une question à vous poser...

<u>Aideriez-vous une personne que vous n'avez jamais rencontrée si cela ne vous coûtait rien, sans en tirer aucun mérite ?</u>

En réalité, la plupart des gens jugent un livre à sa couverture. Voici donc ma demande au nom d'un entrepreneur en difficulté que vous n'avez jamais rencontré : **veuillez aider cet entrepreneur en laissant un commentaire sur ce livre. Votre avis est utile à...**

... une autre petite entreprise comme celle de Bill de subvenir aux besoins de sa communauté. Selon les propres mots de Bill : *« J'ai ouvert une pizzeria au début de l'année 2022, peu après avoir découvert Des offres à $100M. Les ventes ont démarré lentement, mais nous avons réussi ! Après avoir lu $100M Leads, nous avons mis en place de nombreuses initiatives, comme proposer aux clients de faire un don à la banque alimentaire locale pour avoir une chance de gagner des pizzas gratuites pendant un an. Je ne compte plus le nombre de nouveaux clients que nous avons acquis après avoir mis en place ces initiatives pour la communauté. Cela prouve sans aucun doute que ces méthodes fonctionnent pour tout type d'entreprise. Merci !»* - Bill T.

... un entrepreneur de plus comme Thomas qui peut subvenir aux besoins de sa famille. Selon les propres mots de Thomas : «*Après dix ans, j'ai été licencié de mon emploi de 9 h à 17 h. Cependant, j'ai ensuite découvert votre livre et j'ai lancé une entreprise de guides touristiques dans le Colorado. Deux ans plus tard, nous comptons désormais cinq employés. J'ai littéralement mis en pratique ce que j'ai appris et j'ai réalisé mon rêve. Aujourd'hui, mes enfants et ma femme sont plus heureux que jamais.* »

... un autre employé comme Miguel a un travail plus enrichissant. Selon les propres mots de Miguel : «*J'ai reçu ce livre en cadeau et j'ai décidé de le transmettre à mes six employés. Depuis lors, notre entreprise a connu une transformation remarquable et continue de croître chaque mois. De plus, je l'ai également offert à mes formateurs indépendants. Je vous remercie sincèrement.* »

Si vous vous dites que vous le ferez plus tard, veuillez le faire maintenant. Il faut moins de 60 secondes pour changer la vie de quelqu'un à jamais.

Si vous utilisez Audible, appuyez sur les trois points en haut à droite de votre appareil, cliquez sur «Évaluer et donner votre avis», puis rédigez quelques phrases sur le livre et attribuez-lui une note.

Si vous lisez sur Kindle ou sur une liseuse électronique, faites défiler jusqu'au bas du livre, puis balayez vers le haut et une fenêtre vous demandera de laisser un commentaire.

Si, pour une raison quelconque, cela venait à changer, vous pouvez vous rendre sur Amazon (ou sur le site où vous avez acheté le livre) et laisser un commentaire directement sur la page du livre.

Si vous appréciez aider un entrepreneur anonyme, vous êtes exactement le genre de personne que je recherche. Bienvenue chez #mozination. Vous êtes l'un des nôtres.

Je suis d'autant plus enthousiaste à l'idée de vous aider à gagner plus d'argent que vous ne pouvez l'imaginer. Vous allez adorer les stratégies que je m'apprête à partager dans les prochains chapitres. Je vous remercie sincèrement. Maintenant, revenons à notre programme habituel.

- Votre plus grand fan, Alex

Exercice n° 8 : Veuillez laisser un commentaire si cela vous a aidé

Veuillez laisser un avis sur ce résumé + cahier d'exercices afin que d'autres entrepreneurs puissent le trouver (si vous estimez qu'il mérite leur attention). :)

Conclusion sur les offres d'attraction

Extra ! Extra ! Écoutez bien !

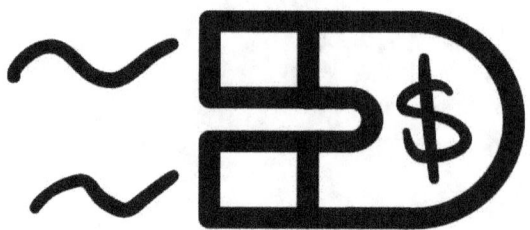

L'objectif des offres d'attraction est de transformer des inconnus en clients. Et ce, de manière à obtenir plus d'argent dès le départ. Idéalement, nous obtenons suffisamment d'argent pour couvrir le coût du client et le coût de livraison de notre produit *plusieurs fois*. De cette façon, nous pouvons nous rembourser *et* obtenir notre prochain client.

Je vous ai présenté les cinq offres d'attraction les plus efficaces que j'ai observées et utilisées : «Récupérez votre argent», «Concours», «Offres leurres», «Achetez X, obtenez Y gratuitement» et «Payez moins maintenant ou payez plus plus tard». Je les ai appliquées à un moment ou à un autre à toutes les entreprises que je possède.

Après avoir utilisé les offres d'attraction, nous avons gagné plus de clients. Et maintenant que nous les avons, nous devons augmenter nos bénéfices sur 30 jours en leur vendant davantage de produits. Cela nous amène à la composante suivante de *$100 M - les Modèles d'Argent* : les offres de vente upsells, c'est-à-*dire ce qu'il faut proposer ensuite.*

Exercice n° 9 : Choisissez votre offre d'attraction

1. Choisissez l'offre d'attraction avec laquelle vous allez commencer :

    a. Récupérez votre argent (   )

    b. Concours (   )

    c. Offres leurres (   )

    d. Achetez X, obtenez Y gratuitement (   )

    e. Payez moins maintenant ou payez plus plus tard (   )

2. Veuillez vous référer à vos réponses aux exercices de ce chapitre et commencez.

CHAPITRE III :
OFFRES DEVENTE INCITATIVE (UPSELL)

Vous voulez des frites avec ça ? - La célèbre upsell de McDonald's

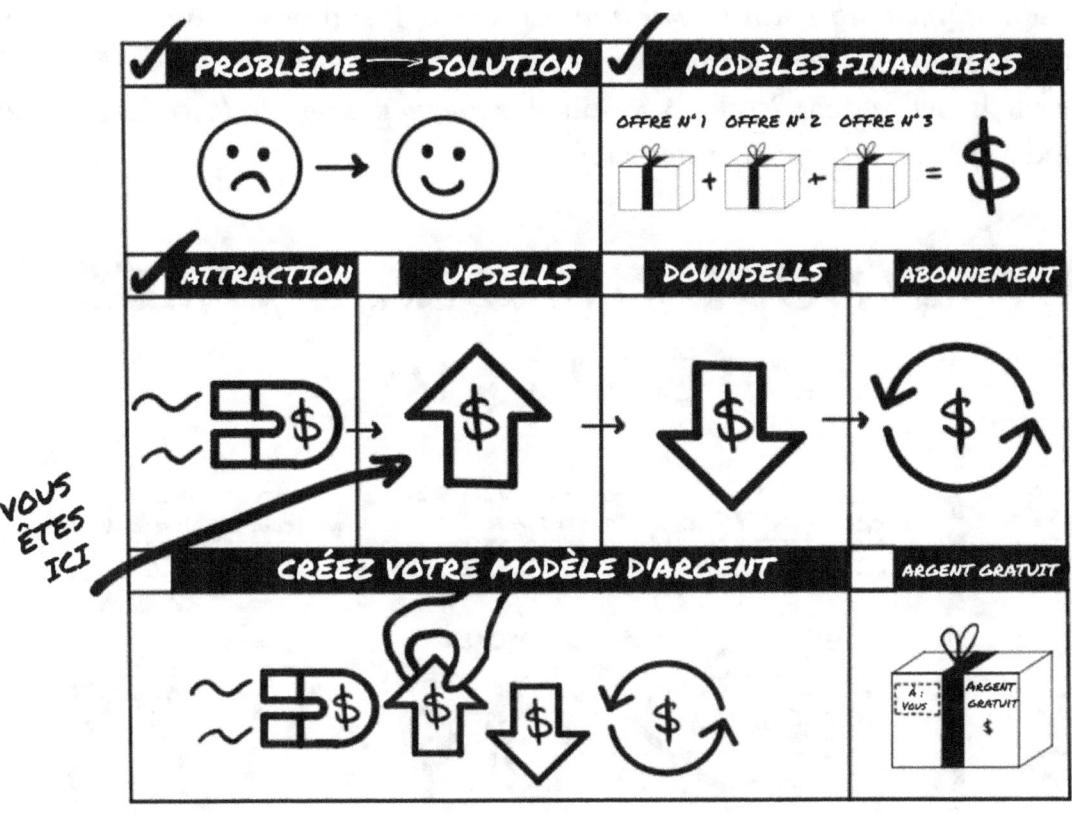

Comment fonctionnent les upsells

Lorsqu'une offre résout un problème, un autre apparaît. Vous *vendez* la solution au problème que votre offre apporte. Souvent, les upsells génèrent la majorité des bénéfices. Elles font ou défont un Modèle d'Argent.

Supposons qu'un fastfood réalise un bénéfice de 0,25 $ sur un hamburger à 2 $. Si c'était la seule offre qu'il proposait, il devrait vendre environ 10 000 hamburgers par jour pour couvrir ses coûts et à peine « survivre ».

Cependant, leur offre ne se limite pas au hamburger. Ils demandent : *« Vous voulez des frites ? »* Si la réponse est affirmative, ils réalisent un bénéfice supplémentaire de 0,75 $ et demandent : *« Souhaitez-vous prendre un menu ? »*, ce qui ajoute une boisson. Si la réponse est affirmative, ils réalisent un *bénéfice supplémentaire* de 1,75 $. Leur bénéfice passe ainsi de 0,25 $ à *2,00 $, soit une multiplication par huit.* En outre, ils proposent une troisième offre supplémentaire : *« Souhaitez-vous agrandir votre menu pour seulement un dollar de plus ? »* Cela fait passer le bénéfice de 0,25 $ à 3 $, soit *une augmentation de 11,6.* Et maintenant, ce petit fastfood a réellement une chance de réussir.

LA MÉTHODE BURGER, FRITES ET BOISSON

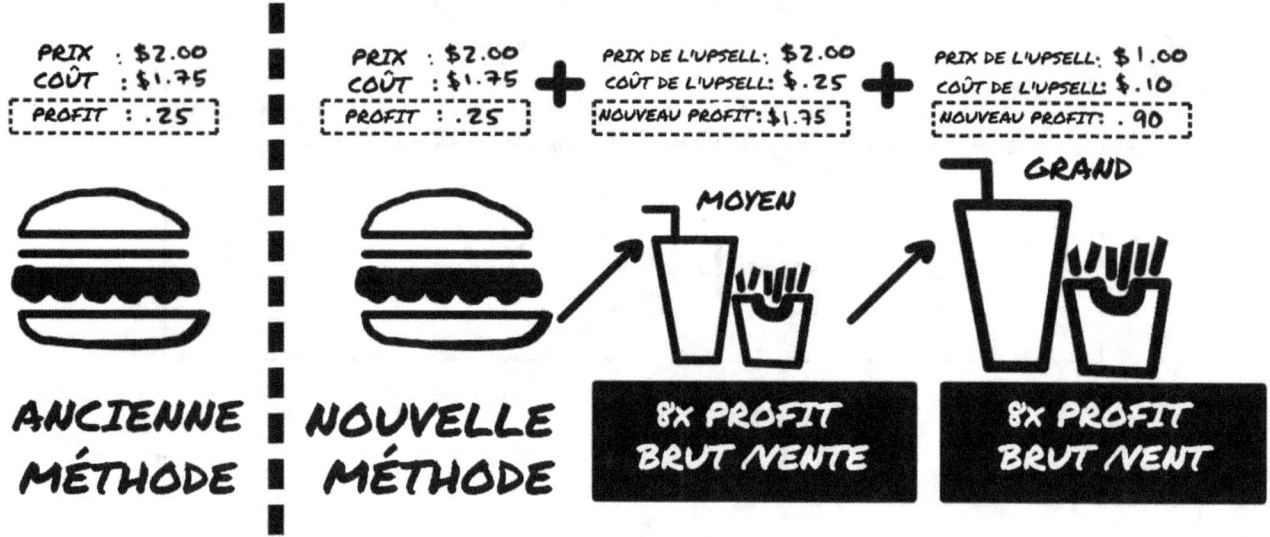

Je vous présente cet exemple simple (et courant) pour souligner un point : votre première offre ne génère pas toujours de profit. En d'autres termes, ce que vous vendez le plus n'est pas toujours ce qui vous rapporte le plus. Vous réalisez vos profits sur la deuxième, la troisième et, dans le cas du secteur des hamburgers, la quatrième offre et les suivantes. Si McDonald's ne vendait pas de frites et de boissons en complément, McDonald's n'existerait pas. Si vous souhaitez réussir, vous devez trouver votre propre version de « Voulez-vous des frites ? ». Si vous ne le faites pas, d'autres le feront.

Les upsells échouent lorsque :

- Vous proposez quelque chose dont ils ne veulent pas (trop différent ou qui ne résout pas leur problème)

- Vous le proposez au mauvais moment (avant qu'ils n'aient rencontré le problème)

- Vous le proposez de manière inappropriée (ils ne vous font pas confiance)

- Ou une combinaison des éléments ci-dessus.

En résumé, les upsells ont tendance à proposer :

- *Plus* de ce qu'ils viennent d'acheter (pensez à la quantité) - *Pourquoi se contenter d'un hamburger quand on peut en avoir deux ?*

- Une version *améliorée* (en termes de qualité) - *Pourquoi se contenter d'une viande mystérieuse alors que vous pouvez avoir du faux-filet ?*

- Des produits *nouveaux* ou complémentaires (pensez à la différence) - *Souhaitez-vous des frites et une boisson avec ce hamburger ?*

J'utilise quatre offres d'upsells simples et extrêmement efficaces :

- L'upsell classique

- Les upsells « à la carte »

- Les upsells d'ancrage

- Les upsells reportées

Et avec quelques ajustements, vous pouvez les intégrer dès aujourd'hui à votre activité. **Attention** : ce chapitre est extrêmement efficace et doit être utilisée de manière éthique. Cela étant dit, passons à la phase de génération de revenus.

L'upsell classique

Vous ne pouvez pas avoir X sans Y !

Été 2016.

Je me suis assis dans un restaurant chic avec un mentor d'enfance qui était négociant en fourrure de quatrième génération. Il a commencé par souligner le prix excessif des plats. La conversation a évolué et il a mentionné que j'étais « dans le business maintenant ». Nous avons commencé à discuter de la façon dont il avait inventé le « stockage estival » pour les manteaux de fourrure et gagnait des millions chaque année grâce à cela. Il m'a expliqué avec enthousiasme leur nouveau Modèle d'Argent :

« Nous proposons des cache-oreilles gratuits avec le stockage des manteaux. Et écoutez bien. Lorsque les clients viennent chercher leurs cache-oreilles et stocker leurs manteaux, il leur dit *: "Parfait. Nous pouvons également stocker vos manteaux pour 30 $. Vous ne souhaitez pas stocker autre chose ?"* Et, bien sûr, ils répondent non. »

« Attends un instant, vous leur faites payer un espace de stockage supplémentaire pour les cache-oreilles gratuits en les amenant à refuser ? Remarquable. »

Il m'a expliqué comment il incitait les clients à stocker leurs cache-oreilles gratuits en leur faisant dire qu'ils ne souhaitaient rien stocker *d'autre*. C'est ce qu'on appelle une conclusion présumée, que nous aborderons dans un instant.

Explication

L'upsell classique offre une solution au prochain problème du client *dès* qu'il en prend conscience. J'explique d'abord l'upsell classique, car elle est extrêmement rentable, facile et accessible à tous. La raison principale : les clients actuels sont *toujours* plus enclins à acheter vos produits que des inconnus. Et, lorsque le moment est bien choisi, les clients se vendent eux-mêmes.

L'upsell classique repose sur le fait d'en savoir plus que vos clients sur leur problème. L'idée est simple : votre offre principale résout un problème et en crée un autre. *Votre upsell résout immédiatement ce nouveau problème.* C'est ce qui donne à l'upsell classique sa structure «Vous ne pouvez pas avoir X sans Y». Comme dans l'histoire de la location de voiture. Vous ne pouvez pas avoir une voiture sans assurance. Vous ne pouvez pas avoir une voiture sans essence. Vous ne pouvez pas passer un bon séjour sans retour tardif. Etc. Et toutes ces choses deviennent immédiatement évidentes *dès que* le client effectue son premier achat.

Conclusion : Si un problème survient et que vous pouvez le résoudre immédiatement, moyennant une compensation financière, n'hésitez pas à le faire *!*

Exemples

Service local de lavage de voitures

Premier achat : lavage de voiture

Upsell : produit d'étanchéité

Vous ne voudrez pas faire le lavage sans produit d'étanchéité. Vous en aurez beaucoup plus pour votre argent.

Produit physique

Premier achat : vélo

Upsell n° 1 : casque

Upsell n° 2 : Éclairage

Upsell n° 3 : Pneus résistants aux crevaisons

Il est indispensable de porter un casque lorsque vous roulez à vélo.

<u>Produit numérique</u>

Premier achat : Cours sur l'exercice physique

Upsell : Cours sur la nutrition

Il est impossible de compenser une mauvaise alimentation par l'exercice physique...
C'est pourquoi nous vous recommandons notre cours sur la nutrition.

Points importants

Mettez-la en pratique. Vous seriez surpris du nombre d'entreprises qui viennent me voir et ne vendent qu'un seul produit.

Proposez d'abord les upsells les plus rentables. Si je propose deux produits et que l'un est plus rentable que l'autre, je propose d'abord l'option la plus rentable.

Amenez-les à « dire non pour dire oui ». Les gens sont habitués à répondre « non » à la question « Vous ne voulez rien d'autre ? ». Mais cela transforme en fait un « non » en « oui ». Ainsi, lors d'une upsell la question se traduit par : *« Vous ne voulez rien d'autre [que ce que je viens de vous proposer] ? ».*

Surprenez et enchantez. Supposons que vous ayez quatre bonus que vous gardez en réserve pour inciter les personnes indécises à acheter. Ajoutez-les un par un. Si elles acceptent avant que vous ne les ajoutiez, offrez-leur tout de même les quatre. Cela les surprendra et les ravira.

Vendez davantage lorsqu'ils achètent davantage : le cycle d'achat intensif. La plupart des acheteurs entrent dans un cycle « d'achat intensif » lorsqu'ils décident d'entreprendre quelque chose de nouveau. C'est à ce moment-là qu'ils dépensent une somme considérable en peu de temps. Pensez aux mariages, au nouveaux loisirs, à la naissance d'un enfant, à un déménagement, etc.

Utilisez les bonus gratuits pour créer des problèmes que les offres d'upsell permettent de résoudre. Les bonus résolvent des problèmes. Et grâce au cycle problème-solution, ils peuvent également les révéler. Les upsells peuvent résoudre ce nouveau problème.

Plus les gens ont rapidement accès à quelque chose, plus ils l'apprécient. Un article à 10 000 dollars que vous obtenez plus tard vaut moins qu'un article à 10 000 dollars que vous obtenez maintenant. Plus il faut de temps à quelqu'un pour accéder à quelque chose, moins cela a de valeur à ce moment-là. Donc, si vous souhaitez augmenter les chances qu'ils acceptent l'upsell, rendez-la disponible dès que possible. Vous marquerez des points supplémentaires si vous le mettez entre leurs mains avant qu'ils n'aient dit oui. Il est beaucoup plus difficile de rendre quelque chose que de dire non.

Si vous regroupez des upsells, donnez-leur un nom. Il est plus facile de vendre un produit que neuf produits. En regroupant des articles, vous pouvez faire une seule « proposition » et réaliser neuf ventes. Je nomme les offres en fonction du type de client *et/ ou* du résultat. Par exemple, « Offre résultats rapides », « Offre transformation » ou « Offre minimale ».

Intégrez les upsells à vos autres offres. Intégrez les upsells à la manière dont vous présentez vos autres offres. Ainsi, davantage de clients les accepteront. Intégrez le prochain produit que vous souhaitez vendre au premier produit qu'ils achètent.

Assurez-vous de fixer un rendez-vous lors de chaque rendez-vous (FRLCR). Plus vous effectuez d'upsells, plus vous vendrez à un plus grand nombre de personnes. Si vous vendez à plus de personnes, vous gagnerez plus d'argent. Puisque c'est ce que vous souhaitez, terminez chaque rendez-vous en planifiant le prochain. Si vous acceptez de vous revoir, *convenez immédiatement de la raison et de la date.*

Proposez des upsells autant de fois que cela est pertinent. Proposez autant de solutions qu'il y a de problèmes que vous pouvez résoudre. Ne soyez pas timide. Si vous pouvez résoudre un problème, proposez votre aide. Le deuxième pire scénario est qu'ils refusent. *Le pire scénario est qu'ils auraient accepté, mais que vous ne leur avez pas proposé.*

Proposez des garanties, des assurances et des assurances complémentaires. De nombreuses entreprises offrent des garanties sur leurs produits. De nombreuses entreprises offrent des assurances sur leurs produits. Vous pouvez proposer toutes ces options. *Au lieu de les offrir gratuitement, ajoutez simplement 5 à 50 % au prix en échange d'une garantie que votre produit fera ce que vous dites qu'il fera.* Exemple : un studio d'art avait l'habitude de remplacer gratuitement les portraits endommagés. Je leur ai suggéré de demander à leurs clients s'ils étaient prêts à payer un supplément de 10 % pour cela. Aujourd'hui, 30 % des clients achètent une garantie que le studio d'art offrait auparavant gratuitement. C'est du bénéfice pur.

Exercice n° 10 : Concevez votre upsell classique « Vous ne pouvez pas avoir X sans Y »

Commencez par l'une de vos offres principales. Identifiez le problème immédiat et logique qu'elle crée. Rédigez ensuite l'upsell qui résout ce nouveau problème.

Offre principale : _____

Problème immédiat qu'elle crée : _____

Offre d'upsell (qui résout ce problème) : _____

Comment vous la formuleriez : « Vous ne pouvez pas avoir [X] sans [Y] »

Exercice n° 11 : Créez un ensemble d'offres + option de downsell

Regroupez 2 à 4 upsells connexes dans un forfait nommé. Identifiez ensuite un élément que vous pouvez « retirer » comme downsell si le client hésite.

Nom du pack : _____

Contenu : _____

Option d'upsell séparée : _____

Idée de présentation : « Préférez-vous commencer avec seulement [X] ? »

Upsell «à la carte»

Vous n'avez pas besoin de ceci... vous avez besoin de cela

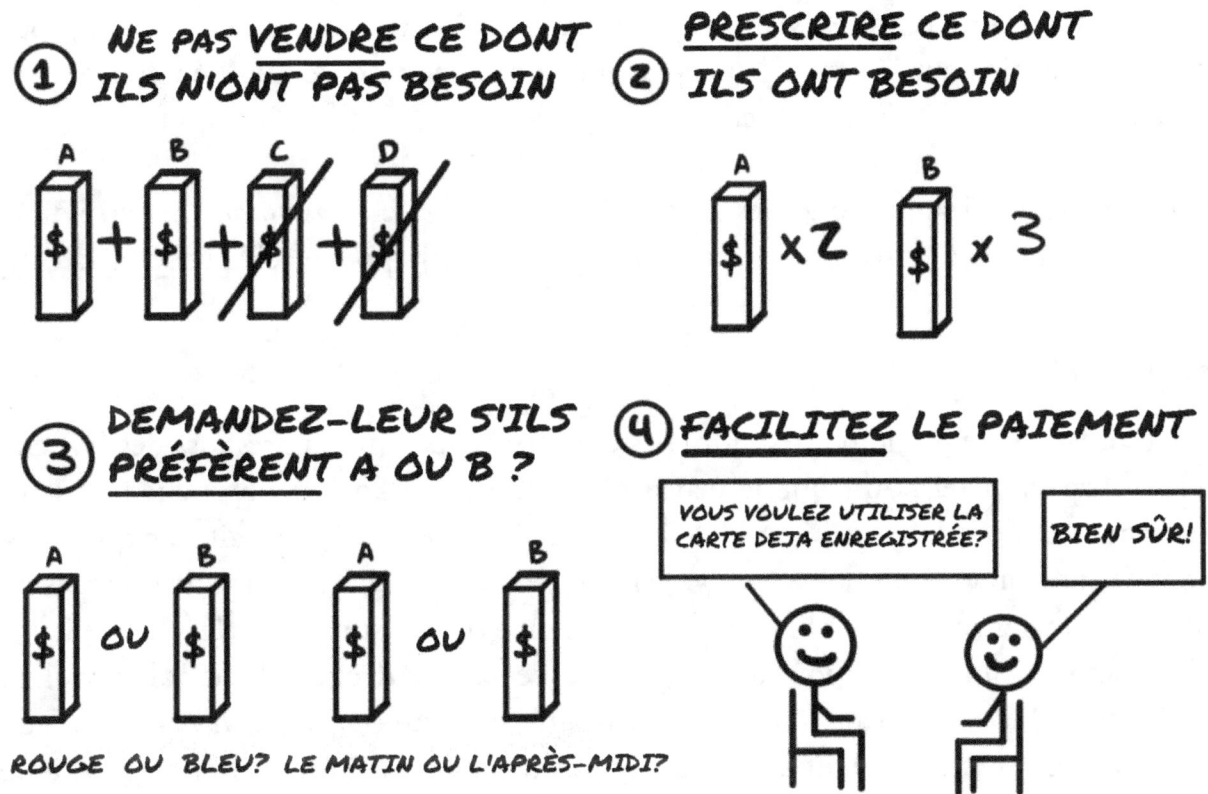

Décembre 2013.

J'avais du mal à vendre des compléments alimentaires dans ma salle de sport, malgré diverses stratégies telles que le réapprovisionnement régulier des étagères et l'explication des aspects scientifiques. Lors d'une journée particulièrement difficile, après 19 consultations nutritionnelles infructueuses, j'étais déterminé à conclure une vente avec mon 20e client. Dans mon trac, j'ai oublié mon script et j'ai simplement demandé au client de choisir entre plusieurs saveurs, ce qui a abouti de manière inattendue à une vente. J'ai continué à utiliser cette approche, en demandant également aux clients s'ils souhaitaient utiliser la carte de crédit enregistrée dans leur dossier, et j'ai fini par vendre aux 20 clients suivants d'affilée.

Conclusion : j'ai découvert deux stratégies qui ont révolutionné ma manière d'aborder l'upsell. Premièrement, l'upsell A/B : je demande *au client quel produit il préfère* plutôt *que* s'il souhaite acheter un produit. Deuxièmement, je demande *au client s'il souhaite utiliser la carte enregistrée dans notre système* plutôt que de lui demander de ressortir sa carte. J'utilise toujours ces deux stratégies à ce jour.

Août 2014.

Après avoir maîtrisé ma technique de vente initiale, je vendais régulièrement pour 5 000 à 10 000 dollars de compléments alimentaires par mois. Un jour, les questions incessantes d'un client m'ont amené à rédiger des instructions détaillées, qui sont devenues de manière inattendue un outil de vente puissant. En intégrant des instructions écrites à mon processus de vente et en anticipant la vente, j'ai considérablement augmenté mes bénéfices sans avoir à consacrer plus de temps à chaque client.

Conclusion : j'ai appris que des instructions *détaillées* et *personnalisées* permettent de vendre davantage que des suggestions vagues et générales. J'appelle cela l'upsell à la carte.

Novembre 2016.

Je suis devenu très doué pour vendre des compléments alimentaires lors des lancements de salles de sport, à tel point que je n'avais plus de stock. Un jour, une cliente est venue me demander des produits que j'avais déjà vendus. Sans réfléchir, j'ai fait quelque chose de différent : j'ai commencé à « dé- vendre ». Je lui ai recommandé des alternatives moins chères qui fonctionneraient tout aussi bien et j'ai même rayé de sa liste les articles dont elle n'avait pas réellement besoin. Sa réaction m'a surpris. Au lieu d'être déçue, elle semblait soulagée et reconnaissante. Mon approche honnête, consistant à lui dire ce qu'elle *ne devait pas* acheter et à me concentrer uniquement sur ce qui pourrait l'aider, a immédiatement instauré un climat de confiance. Même si j'avais supprimé la moitié de sa liste et revu à la baisse le reste, elle a tout de même acheté chez moi. Plus important encore, elle en était satisfaite.

C'est alors que j'ai compris quelque chose d'important : parfois, la meilleure façon de vendre est de ne pas vendre. Plus tard, j'ai même commencé à garder certains produits en stock uniquement pour pouvoir les barrer devant les clients. Cela peut sembler paradoxal, mais le simple fait de supprimer quelque chose dont ils n'avaient pas besoin a créé suffisamment de bonne volonté pour qu'ils fassent confiance à mes recommandations sur ce dont ils *avaient réellement* besoin.

Conclusion : J'appelle ce processus « la dé-vente ».

Explication

Dans une upsell à la carte, vous indiquez aux clients les options dont ils n'ont pas besoin. Ensuite, vous leur indiquez ce dont ils ont besoin, leurs préférences *et* comment en tirer profit. Les upsells à la carte combinent jusqu'à quatre tactiques : l'upsell A/B, l'upsell à la carte, la dé-vente et la carte enregistrée.

Tout d'abord, je dé-vends ce dont les clients n'ont pas besoin.

Ensuite, je leur prescris ce dont ils ont besoin.

Troisièmement, je leur demande leurs préférences entre A et B.

Enfin, je facilite l'achat en leur demandant s'ils souhaitent utiliser la carte de crédit enregistrée.

Dé-vendre. Désincitez à l'achat en indiquant aux clients ce dont ils n'ont pas besoin afin de mettre l'accent sur ce dont ils ont besoin. Ici, au lieu de leur demander s'ils souhaitent acheter ou non, vous leur expliquez ***ce dont ils n'ont pas besoin*** afin de ***les enthousiasmer pour ce dont ils ont besoin.*** Les désincitations à l'achat varient en fonction des besoins du client. Lorsque certaines options fonctionnent mieux, vous pouvez éliminer les autres. Après leur avoir indiqué ce dont ils n'ont pas besoin...

L'upsell à la carte. Nous leur indiquons ce dont ils ont besoin. L'upsell à la carte fonctionne bien lorsqu'il n'est pas pratique d'offrir un choix et que vous n'avez qu'une seule solution au problème. L'upsell à la carte comporte deux éléments importants. Tout d'abord, vous devez expliquer comment elle s'intègre aux offres qu'ils ont déjà achetées. Ensuite, vous personnalisez et détaillez comment maximiser sa valeur. Ici, au lieu de ***leur*** demander s'ils souhaitent l'acheter ou non, vous ***leur*** expliquez ***comment l'utiliser*** comme s'ils l'avaient déjà. Une fois encore, nous supprimons l'option de ne pas acheter afin de réduire le risque qu'ils n'achètent pas. Et une fois que je leur ai expliqué exactement comment ils vont utiliser le produit...

Upsell A/B. Nous leur demandons leurs préférences. Les upsells A/B fonctionnent pour *plusieurs offres qui résolvent le même problème.* Vous réalisez des upsells A/B en demandant leurs préférences. Au lieu de demander aux clients s'ils souhaitent acheter un produit, oui ou non, nous leur demandons quel produit ils ***préfèrent*** : A ou B. Quel que soit leur choix, cela aboutit à une upsell. En substance, lorsque vous donnez aux gens la possibilité de ne pas acheter, certains n'achètent pas. Je leur donne donc la possibilité de choisir entre deux produits similaires. Une fois qu'ils savent ce qu'ils achètent et comment ils vont l'utiliser, je leur suggère le moyen de paiement le plus simple...

La carte enregistrée. La cerise sur le gâteau de cette upsell. Je demande littéralement : « Souhaitez-vous utiliser la carte enregistrée ? » Ici, au lieu de demander s'ils souhaitent payer ou non, vous ***faites*** référence aux moyens dont ils disposent déjà. Cela incite davantage de personnes à acheter, car cela réduit les « coûts cachés » de l'achat. Choisir la carte à utiliser. La sortir. Se rappeler les mauvaises décisions d'achat prises par le passé. Même la difficulté d'acheter des articles à la hâte... et qui sait combien d'autres encore. Sachez simplement que si vous facilitez l'achat pour les clients, davantage de personnes achèteront.

Il m'a fallu dix ans pour apprendre cela.
J'espère que vous le comprendrez en dix minutes.

Exemples

Massothérapeute

Dé-vente : Nous proposons des massages lymphatiques, mais vous n'êtes pas enceinte et vous ne venez pas de subir d'intervention chirurgicale, n'est-ce pas ? Nous pouvons donc écarter cette option.

Ordonnance : Comme vous avez mal à l'épaule, nous allons d'abord vous chauffer, puis nous allons travailler sur vos points cibles, et ensuite, nous ferons quelques étirements dynamiques.

A/B : Préférez-vous le faire avant le travail ou sur le chemin du retour ?

Carte enregistrée : Souhaitez-vous simplement utiliser la carte enregistrée ?

Nourriture pour chien

Dé-vente : Vous n'aurez pas besoin de ce petit sac ni de ces produits pour chiots, vous avez un gros chien ! Vous n'avez pas besoin non plus de ces vitamines, car la nourriture en contient déjà.

Ordonnance : Vous devriez également donner à votre chien l'un de ces friandises pour les articulations à chaque repas. Et tous les 90 jours, donnez-lui l'un de ces comprimés contre la dirofilariose. Veillez également à le ramener le mois prochain. Prenons rendez-vous dès maintenant.

A/B : Votre chien préfère-t-il le bœuf ou le poulet ?

Carte enregistrée : Voulez-vous payer avec la carte enregistrée ?

Produit numérique

Dé-vente : Vous n'avez pas encore besoin des huit cours. Vous devez juste résoudre les problèmes X, Y et Z. Écoutez, je vais vous envoyer des documents gratuits qui vous aideront à résoudre les problèmes X et Y. Ensuite, vous n'aurez besoin que d'un seul cours pour résoudre le problème Z...

Ordonnance : Mais pour résoudre Z, vous devrez absolument suivre le cours de *cette* manière particulière. Pouvez-vous y consacrer une heure par jour ? Très bien, parfait. Cela évitera que d'autres problèmes Z ne surviennent plus tard.

A/B : Préférez-vous une assistance par message direct ou par téléphone ? Très bien. Souhaitez-vous commencer aujourd'hui ou lundi ?

Carte enregistrée : Parfait. Souhaitez-vous utiliser la carte enregistrée ?

Points importants :

Rendez tout vendable en A/B. Vous pouvez transformer *n'importe quoi* en une offre A/B. Voici quelques idées... Quantité (souhaitez-vous une bouteille ou deux ?), dates de début (demain ou lundi ?), mode de paiement (espèces ou carte ?), saveurs (chocolat ou vanille ?), plages horaires (le matin ou l'après-midi ?), support (à lire ou à écouter ?), délais de livraison (standard ou express ?), tailles (petite ou moyenne ?), couleurs (noir ou blanc ?), matériaux (papier ou plastique ?), personnel (John ou Sara ?), communication (appel ou SMS ?). Avec un peu de créativité, vous pouvez transformer *n'importe quel produit* en une offre A/B.

Si vous faites une offre A/B, ajoutez un petit coup de pouce. Si vos clients ont une expérience limitée de vos produits ou services, encouragez-les. « C'est mon préféré » ou « X est généralement un choix sûr » ou « beaucoup de gens l'adorent » ou « les séances du mardi sont un peu moins fréquentées, si cela vous intéresse » ou « Amy est très douée avec les lycéens ». Ces petites phrases contribuent vraiment à faire progresser les ventes. (Astuce : si vous souhaitez vendre plus rapidement un produit en particulier, encouragez davantage son achat).

Si vous êtes en rupture de stock, acceptez le paiement et retardez la livraison. Plus tard, j'ai appris que je pouvais simplement vendre les articles, les commander et indiquer la date de livraison prévue. Cela m'a permis de vendre beaucoup plus de produits, car je n'avais pas besoin de gérer de stock. Si vous êtes en rupture de stock, envisagez simplement d'encaisser le paiement et de modifier les délais de livraison prévus. Vous serez surpris de constater à quel point cette méthode est efficace.

Les employés apprécient la désincitation à la vente. Les employés *aiment* souvent aider les clients à « contourner le système ». *Laissez-les faire.* Encouragez vos employés à aider les clients à contourner le système de manière intentionnelle. Vos employés disposent d'informations privilégiées, alors permettez-leur de montrer aux clients comment tirer le meilleur parti de ce que vous avez à offrir. Tout le monde y gagne.

Exercice n° 12 : Créez votre upsell à la carte

- Écrivez ce que vous allez _dé-vendre_ : _____

- Écrivez ce que vous allez _recommander_ : _____

- Écrivez votre _offre A_ : _____

    Offre B : _____

    o Laquelle allez-vous privilégier (A ou B ?)

Veuillez indiquer quand vous recevrez la carte pour pouvoir utiliser la _carte enregistrée_ lors de la clôture de la vente : _____

Upsell d'Ancrage

La seule chose pire que de proposer une offre à 1 000 $ à quelqu'un ayant un budget de 100 $... c'est de proposer une offre à 100 $ à quelqu'un ayant un budget de 1 000 $.

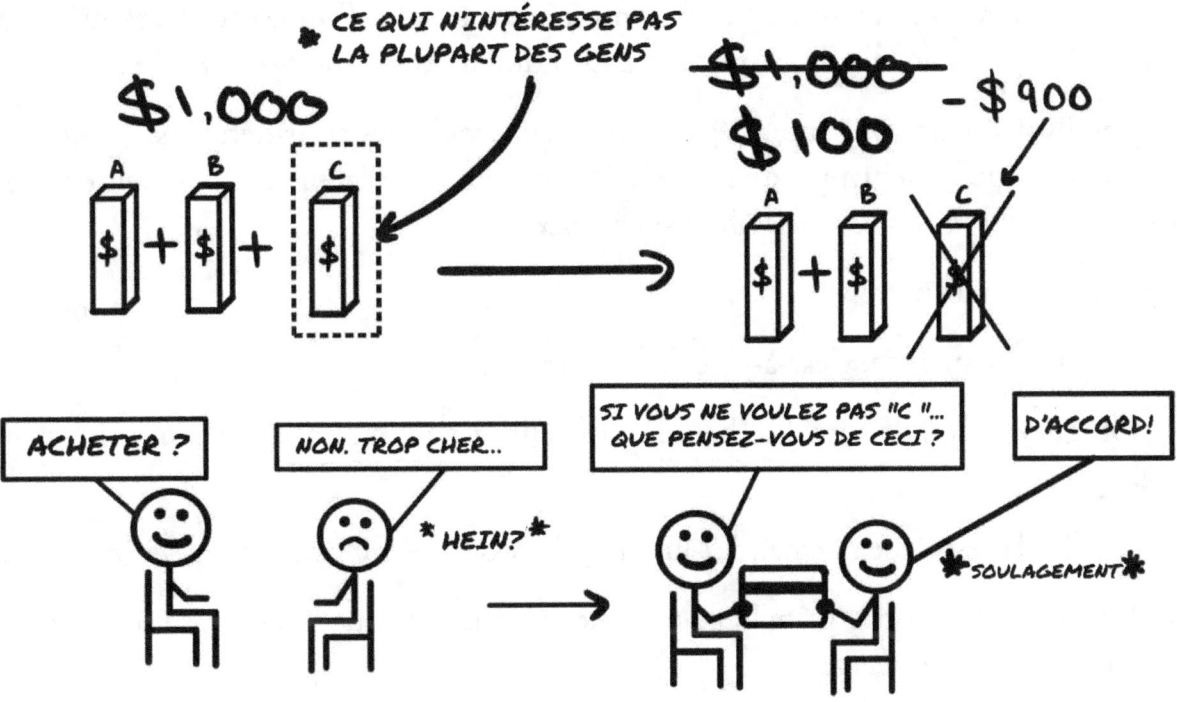

2016. Après avoir lancé Gym Launch, mais avant de générer des revenus.

Après avoir lancé Gym Launch, j'ai décidé d'acheter un costume pour avoir l'air plus professionnel, en prévoyant un budget de 500 dollars pour cet achat. Dans le magasin de costumes, j'ai d'abord essayé un costume à 16 000 dollars, ce qui m'a mis mal à l'aise et m'a donné l'impression d'être hors sujet lorsque j'ai vu le prix. Le propriétaire, remarquant mon malaise, m'a rapidement proposé un costume à 2 200 dollars, qui semblait raisonnable en comparaison, et j'ai fini par dépenser 2 500 dollars au total. Avec le recul, j'ai réalisé que le propriétaire avait habilement utilisé une technique d'upsell d'ancrage, faisant passer le costume à 2 200 dollars pour une bonne affaire par rapport à celui à 16 000 dollars, ce qui m'a amené à dépenser cinq fois mon budget initial tout en étant satisfait de mon achat.

Explication

Si vous présentez d'abord une version haut de gamme dont le prix est 5 à 10 fois plus élevé, beaucoup de gens diront non. Ensuite, lorsque vous présenterez votre offre principale, elle semblera *beaucoup plus intéressante*. Ainsi, davantage de personnes l'achèteront.

Les upsells d'ancrage fonctionnent mieux lorsque l'offre à prix réduit présente les mêmes *fonctionnalités essentielles* que l'offre haut de gamme. Par exemple, je ne m'intéressais pas particulièrement à la marque. J'avais simplement besoin d'un costume. Ainsi, comparé au costume à 16 000 dollars, le costume à 2 200 dollars était une *bien meilleure affaire*.

Les upsells d'ancrage présentent également deux avantages considérables. Premièrement, les clients ancrés dépensent plus qu'ils ne le feraient normalement. Deuxièmement, *certains clients achètent tout de même le produit très coûteux.*

Voici les étapes à suivre :

1) Présentez l'ancrage, c'est-à-dire l'article très coûteux.

2) Obtenez « le cri de surprise (hein ?) » : attendez-vous à ce que le client soit surpris par le prix.

3) Venez à la rescousse : demandez-lui s'il s'intéresse à *ce qui rend cet article haut de gamme.*

4) Présentez votre offre principale : attendez-vous à ce que le client se sente soulagé et contemple la *meilleure offre*.

5) Demandez-lui comment il souhaite payer : *quelle carte préfère-t-il utiliser ?*

Exemples

Service local : entretien de pelouse

Ancrage haut de gamme : obtenez mon numéro de téléphone portable, paillis de qualité, lutte antiparasitaire naturelle, entretien bihebdomadaire du jardin - 1 000 $ par semaine

Offre principale : obtenez le numéro de mon équipe, paillis générique, lutte antiparasitaire standard, entretien bihebdomadaire du jardin — 200 $ par semaine

Produit physique : une peinture

Ancrage haut de gamme : emballage ultra-protecteur + Assurance 20 ans + papier cadeau = 1 000 $

Offre principale : Emballage standard + Assurance d'un an + autocollant - 200 $

Produit numérique : newsletter

Ancrage haut de gamme : tous les numéros précédents + les nouveaux numéros + 24 heures d'avance = 199 $/mois

Offre principale : Nouveaux numéros uniquement + livraison à temps = 19 $/mois

Points importants

Si vous considérez l'offre d'ancrage comme une offre peu crédible, les clients feront de même. Pour que cela fonctionne, vous devez réellement la vendre et ils doivent réellement l'envisager. Ce n'est qu'après qu'ils aient marqué une pause, hésité ou demandé autre chose que vous passez à l'étape suivante. Ne vous contentez pas de suivre les étapes mécaniquement, sinon cela ne fonctionnera pas.

Faites une offre premium que vous souhaitez réellement que les gens achètent. Présentez votre offre premium comme si vous *souhaitiez* que les gens l'acceptent. La meilleure façon d'y parvenir est de la rendre suffisamment chère pour que vous soyez heureux qu'ils l'achètent. Et s'ils ne le font pas, vous les avez tout de même ancrés.

Un ancrage efficace provoque un « hein ? ». Lorsque vous effectuez correctement une upsell d'ancrage, les clients ont de petites crises de panique. J'appelle cela « le halètement ». Plus le halètement est important, plus ils achètent.

Une fois que vous avez provoqué le « hein? », venez à la rescousse. Préparez une offre de secours à leur proposer lorsqu'ils poussent un «hein?». Et s'ils ne poussent pas de «hein?»... optez pour la vente premium !

Pour inciter davantage de personnes à acheter votre offre principale, rendez-la plus intéressante. Modifiez seulement quelques caractéristiques de votre offre premium pour créer votre offre principale. Chaque offre a ses caractéristiques. Certaines caractéristiques sont plus importantes que d'autres. Vous souhaitez que les caractéristiques principales restent les mêmes. Peu de personnes s'intéressent aux caractéristiques secondaires, *vous pouvez donc les modifier.* Après l'ancrage, proposer les caractéristiques principales pour ⅕ du prix rend l'offre principale *très intéressante.*

Exercice n° 13 : Créez votre upsell d'ancrage

1. Notez le prix de votre upsell d'ancrage (*ultra premium*) (5 à 10 fois plus cher) :

   _____

   a. Upsell d'ancrage option PRINCIPALE n° 1 :

   _____

   b. Upsell d'ancrage option PRINCIPALE n° 2 :

   _____

   c. Upsell d'ancrage option SECONDAIRE n° 3 :

   _____

   d. Upsell d'ancrage option SECONDAIRE n° 4 :

   _____

2. Veuillez indiquer votre offre principale avec des options secondaires *légèrement* différentes :

   a. Prix de l'offre principale ($\frac{1}{5}^e$ à $\frac{1}{10}^e$ du prix d'ancrage) : _____

   b. Offre principale option PRINCIPALE n° 1 : (IDENTIQUE)

   c. Offre principale option PRINCIPALE n° 2 : (IDENTIQUE)

   d. Offre principale option SECONDAIRE n° 3 (*différente de l'offre d'ancrage ci-dessus*) : _____

   _____

   e. Offre principale option SECONDAIRE n° 4 (*différente de l'offre d'ancrage ci-dessus*) : _____

   _____

Upsells reportées

Souhaitez-vous simplement l'étalonner ?

Juin 2014.

Je proposais une offre «Récupérez votre argent» très populaire dans ma salle de sport, mais je rencontrais des difficultés en raison du manque de revenus récurrents, car les gagnants quittaient souvent la salle après leurs mois gratuits. Mon ami Justin semblait obtenir de meilleurs résultats avec une offre similaire, je lui ai donc rendu visite pour en savoir plus. La principale différence était que Justin «étalonnait» les gains sous forme d'abonnement d'un an, offrant aux gagnants une réduction de 50 $ par mois pendant un an au lieu d'un remboursement forfaitaire ou d'un crédit forfaitaire. Cette approche garantissait des revenus récurrents immédiats et une fidélisation plus longue des clients, révélant ainsi le chaînon manquant de mon Modèle d'Argent et résolvant mon problème de trésorerie.

Explication

Les upsells reportées créditent tout ou partie des achats précédents d'un client sur votre prochaine offre. Et d'après mon expérience, cela incite beaucoup plus de personnes à accepter. Ainsi, une fois que je sais quel crédit accorder, je détermine trois éléments : à *qui* proposer l'upsell, *quoi* proposer et *comment* reporter le crédit.

Pour *qui*, j'utilise les upsells reportées dans quatre situations :

Premièrement, pour réengager les clients qui sont partis il y a quelque temps.

Deuxièmement, pour récupérer les clients mécontents, ce qui constitue une meilleure alternative au remboursement.

Troisièmement, pour « récupérer » les clients mécontents *d'autres personnes*.

Quatrièmement, pour proposer des upsells aux clients réguliers.

Pour « *quoi* », n'oubliez pas que vous pouvez proposer *une upsell de ce qu'ils viennent d'acheter, d'un produit de meilleure qualité* ou *d'un produit nouveau et différent*. Pour générer des revenus : transférez leur crédit vers un produit plus coûteux.

Pour « *comment* », vous pouvez appliquer tout ou partie de la remise dès le départ ou l'étaler dans le temps.

Exemples d'upsells reportées

Ostéopathe : *réengager d'anciens patients grâce à une campagne de « reconquête »*

Qui : les clients qui n'ont pas effectué d'achat depuis six mois. Quoi : un nouveau forfait. Comment : Directement.

Contactez vos anciens patients. Consultez leur historique d'achat. Proposez-leur d'utiliser tout ou partie de leurs achats passés à un produit plus cher que celui qu'ils ont acheté.

Exemple : *« Bonjour Madame Banks, je souhaitais vous restituer votre argent, auriez-vous un moment ? Parfait. Je souhaitais prendre de vos nouvelles concernant votre mal de dos. Je suis désolé d'apprendre cela. J'ai une bonne nouvelle à vous annoncer. En guise de remerciement, je souhaite vous restituer 500 $ de votre argent sous forme d'avoir afin que vous puissiez rester sans douleur pour de bon. Cela vous intéresse-t-il ? Parfait... nous allons vous inscrire... »*

Dentiste : *Récupérez votre client mécontent grâce à une upsell reportée*

Qui : client mécontent Quoi : blanchiment des dents Comment : avoir initial de 200 $.

La personne paie 200 $ pour un nettoyage dentaire, mais estime que ses dents ne sont pas plus blanches. Nous lui expliquons qu'il est nécessaire d'investir davantage pour obtenir de meilleurs résultats et lui proposons un forfait de blanchiment dentaire comprenant plusieurs séances, un kit à domicile et plusieurs nettoyages en profondeur. Nous lui proposons de créditer les 200 $ qu'elle a payés pour le nettoyage sur le forfait de blanchiment.

Logiciel : *Récupérer (*hum hum* Voler) Les clients mécontents d'autres personnes*

Qui : les clients de vos concurrents Quoi : contrat de service Comment : transférer les coûts pour rompre l'ancien contrat.

Identifiez les clients mécontents de vos concurrents et créditez leurs anciens achats chez eux pour un nouvel achat chez vous. Transférez le montant qu'ils leur doivent sous forme de crédit vers un contrat plus long avec vous.

Exemple : «*Bonjour John, j'ai vu votre avis négatif sur leur produit et cela m'a vraiment contrarié. Pour me rattraper, je créditerai tous les paiements que vous leur devez afin que vous puissiez venir chez nous. De cette façon, vous ne perdez rien et vous commencez à bénéficier des avantages dès maintenant. Cela vous convient-il ?*»

Adhésion : étaler le premier achat sur une période donnée

Qui : clients actuels Quoi : adhésion de 12 mois Comment : étaler le premier achat.

Une personne achète un petit pack de services ou une période d'abonnement. Dès qu'elle le fait, vous pouvez lui proposer d'appliquer le montant total à une période plus longue, par exemple 12 mois. Je peux effectuer l'upsell reportée à tout moment, mais je préfère le faire immédiatement. Lorsque vous le faites, vous prenez le coût du premier achat et l'appliquez sous forme de remise sur le contrat plus long. Par exemple, un premier achat de 600 $ donne droit à une remise de 50 $ par mois pendant 12 mois.

Points importants

Utilisez les upsells reportées pour attirer de nouveaux clients. Par exemple, vous reportez tout ou partie de ce que les clients ont payé à une autre entreprise *pour votre produit.* Vous pouvez trouver des prospects pour cela en récupérant les coordonnées des clients qui ont laissé des avis négatifs sur vos produits, où qu'ils se trouvent.

Proposez des upsells reportées *avant* de procéder au remboursement. Si vous n'avez pas satisfait le client (cela peut arriver), proposez-lui une nouvelle opportunité. Et s'il souhaite un produit différent, transférez son achat vers ce produit.

Les anciens clients restent des clients. Proposez-leur des upsells. Contactez vos anciens clients (qui n'ont pas effectué d'achat depuis plus de six mois). Vérifiez le montant de leur dernier achat. Déterminez le montant que vous êtes prêt à leur proposer. Faites-leur une offre. J'appelle cela des «campagnes de reconquête».

Ajoutez un sentiment d'urgence aux upsells reportées. Faites-en une offre unique. Facultatif : faites en sorte que le moment où vous présentez l'offre soit le moment où ils doivent la saisir. *Ils ne peuvent pas y réfléchir pendant la nuit.* Donc, s'ils souhaitent bénéficier du crédit, ils doivent le prendre *immédiatement.* Sinon, ce n'est pas grave. Ils peuvent toujours payer le prix plein plus tard.

Comment fixer le prix de votre upsell reportée ? Pour générer des bénéfices sur une offre à prix réduit, il est essentiel de conserver une marge bénéficiaire après application de la remise. Étant donné que je privilégie la rentabilité, je m'efforce de proposer une upsell reportée au moins quatre fois supérieure au crédit de renouvellement. Ainsi, même si j'applique le montant total du premier achat, la remise ne dépasse pas 25 %. N'oubliez pas que les règles de remise s'appliquent. Des remises plus importantes réduisent votre bénéfice par vente, mais elles génèrent plus de ventes.

Vous n'avez pas besoin de créditer la totalité du montant de leur premier achat. Vous pouvez reporter tout ou partie du montant du premier achat, selon votre choix. Je reporte le montant qui, selon moi, les incitera à effectuer un nouvel achat. Testez différentes options pour trouver le juste équilibre.

Ma «célèbre» stratégie de la carte-cadeau. Vous pouvez utiliser la technique de «upsell reportée» comme offre promotionnelle pour attirer de nouveaux clients et fidéliser les clients existants en proposant des cartes-cadeaux avec une réduction de plus de 90 %. Par exemple : des cartes-cadeaux d'une valeur de 200 $ pour 20 $. Limitez-les à deux par client et précisez qu'elles ne peuvent être utilisées que pour d'autres personnes. Les clients les achètent comme cadeaux et les offrent à leurs amis. Cela en fait une excellente offre pour les fêtes de fin d'année.

Lorsque les clients achètent la carte-cadeau, veuillez leur demander à qui ils souhaitent la dédier et s'ils peuvent vous présenter. Ensuite, lorsqu'ils reviennent, veuillez leur remettre leur carte-cadeau. Fixez la valeur de la carte-cadeau à 20 % du prix de l'article que vous souhaitez vendre ensuite. Dans notre exemple, nous vendons une carte-cadeau de 200 $ pour 20 $. Appliquez ensuite cette valeur de 200 $ à une offre dont le prix est d'au moins 1 000 $. Les clients vous rémunèrent pour recommander vos services à leurs amis. C'est une excellente stratégie. De plus, vous obtenez un petit supplément grâce aux cartes-cadeaux inutilisées.

Exercice n° 14 : Créez votre upsell reportée

Choisissez un produit ou un service que votre client a récemment acheté. Définissez maintenant comment vous allez créditer cela sur une prochaine offre plus coûteuse.

Achat précédent : _____

Montant du crédit reporté : _____

Prochaine offre (plus, mieux ou nouveau - *visez 4 fois le prix ci-dessus*) :

_____

Comment appliquerez-vous le crédit (en une seule fois ou de manière échelonnée) : _____

_____

Entourez les personnes à qui vous le proposerez en premier :

a. Campagne de « reconquête » des anciens clients

b. Clients actuels

c. Clients des concurrents Campagne « Les convaincre »

d. Nouveaux clients

CADEAU GRATUIT : Formation à l'upsell reportée

Il s'agit de la technique d'upsell que j'utilise le plus fréquemment. Elle combine une urgence élégante + de la bonne volonté. J'ai créé une vidéo pour vous présenter certains des scripts afin que vous puissiez observer ma méthode. Elle est gratuite et ne nécessite aucune inscription. Vous pouvez la visionner sur acquisition.com/training/money. J'ai ajouté un code QR pour faciliter l'accès.

Conclusion sur les offres d'upsell

Résolvez les problèmes des personnes fortunées, elles paient mieux.

Chaque *fois* que vous proposez quelque chose, vous réalisez une upsell. Les upsells jouent un rôle clé dans les Modèles d'Argent, car elles permettent d'obtenir plus d'argent de la part des clients *plus rapidement* que vous ne le feriez autrement. Et si votre offre d'attraction couvre déjà les coûts liés à l'acquisition de clients et à la livraison, *obtenir plus d'argent n'est pas une mauvaise chose.*

Je vous ai présenté les quatre techniques d'upsell les plus efficaces que j'utilise : l'upsell classique, l'upsell à la carte, l'upsell par ancrage et l'upsell reportée. Elles sont essentielles à la réussite de mon entreprise. Les upsells transforment tout. De nombreuses entreprises passent du statut de dépensière à celui de génératrice de valeur ajoutée, *du jour au lendemain.*

Cependant, il arrive parfois que *les clients refusent.* Cela nous amène à la composante suivante de $100 M - les Modèles d'Argent : les offres de Downsell, *ou que faire lorsqu'ils refusent...*

Exercice n° 15 : choisissez votre upsell

1. Choisissez par laquelle vous allez commencer (cochez une case ci-dessous) :

    a. L'upsell classique (   )

    b. L'upsell à la carte (   )

    c. L'upsell d'ancrage (   )

    d. L'upsell reportée (   )

2. Veuillez vous référer à vos réponses aux exercices de ce chapitre et commencez l'upsell.

CHAPITRE IV :
OFFRES DE VENTE
ALTERNATIVE (DOWNSELL)

Que proposer lorsque le client refuse ?

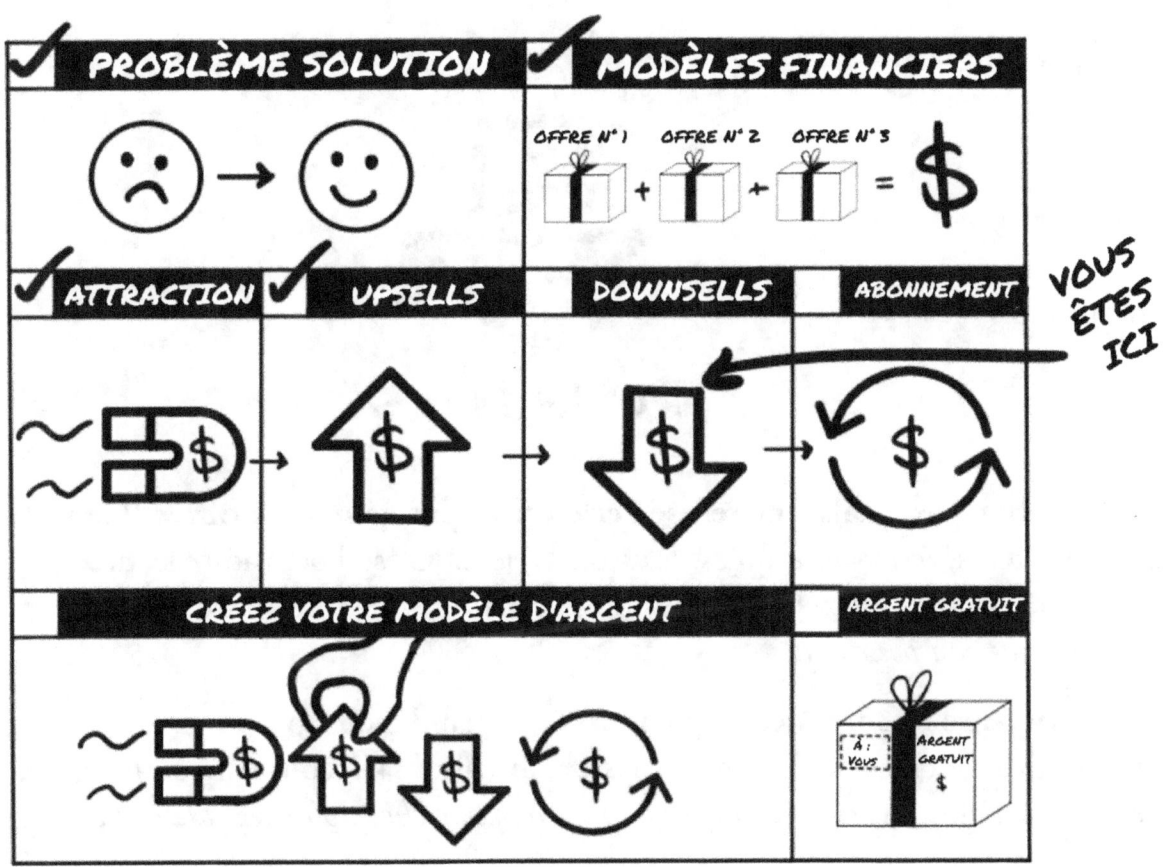

Dans le dernier chapitre, nous avons utilisé les offres d'upsell pour encourager les clients à acheter davantage. Si nous avons bien fait notre travail, nous avons également réalisé un bénéfice. Un pas de plus vers l'objectif ! Excellent... mais que faire s'ils refusent ?→ Nous leur proposons une offre alternative (downsell).

La downsell consiste à modifier l'offre initiale afin de trouver la solution la plus avantageuse *pour le budget du client*. Ainsi, toute offre que vous faites après qu'une personne ait dit « non » est une downsell.

Je procède à une downsell de deux manières. Je modifie *le mode de paiement* ou *ce qu'ils obtiennent*. Pour le mode de paiement, j'équilibre le montant qu'ils paient maintenant avec ce qu'ils paieront au fil du temps. Pour ce qu'ils obtiennent, je modifie la quantité, la qualité ou je propose quelque chose de différent.

Tout d'abord, nous aborderons mes règles en matière de downselling, qui s'appliquent à tous mes processus de downsell. Ensuite, lorsque nous examinerons les offres individuelles, vous serez en mesure de vous lancer et de pratiquer la downsell comme un pro.

Les règles de la downsell

N'oubliez pas qu'ils ont refusé *cette* offre, pas *toutes* les offres. Ce n'est pas parce qu'ils ont refusé *cette offre* qu'ils *vous* ont rejeté. C'est l'occasion de découvrir ce qu'ils veulent vraiment. Restez sur vos positions et faites une autre offre. *Non signifie non pour cette offre, pas non pour tout.*

Les downsells sont des négociations. Quand vous proposez une downsell, vous travaillez avec le client pour trouver des combinaisons de concessions mutuelles jusqu'à ce que vous trouviez un accord. *Si vous donnez quelque chose, obtenez quelque chose en retour.*

Personnalisez, sans exercer de pression. Déterminez ce qu'ils apprécient et ce qu'ils n'apprécient pas. Ensuite, proposez-leur davantage de ce qu'ils apprécient et moins de ce qu'ils n'apprécient pas, *avec un prix adapté.*

Proposez les mêmes produits de manière innovante. Limitez les downsells à ce que vous avez. Considérez donc la downsell comme une centaine de façons de proposer ce que vous avez déjà, et non comme 100 nouveaux produits.

Ne baissez pas vos prix uniquement pour inciter quelqu'un à acheter. Tout d'abord, baisser vos prix n'est pas vraiment une stratégie de vente, *c'est une remise.* D'autre part, vous *pouvez* leur proposer de payer moins *maintenant* et plus plus tard, grâce à un plan de paiement.

À suivre...

J'utilise trois processus de downsell simples et extrêmement efficaces :

- Downsells par plan de paiement *(comment ils paient)*

- Essai sous conditions *(comment ils paient)*

- Downsells avec options *(ce qu'ils obtiennent)*

Ces processus de downsell augmentent encore davantage les bénéfices sur 30 jours. Ils permettent de réaliser encore plus de ventes alors que les clients auraient pu refuser. Je les apprécie particulièrement car, avec seulement quelques ajustements, vous pouvez les intégrer à votre entreprise et en récolter les fruits dès aujourd'hui.

Downsell par plan de paiement

Quel montant pouvez-vous verser aujourd'hui ?

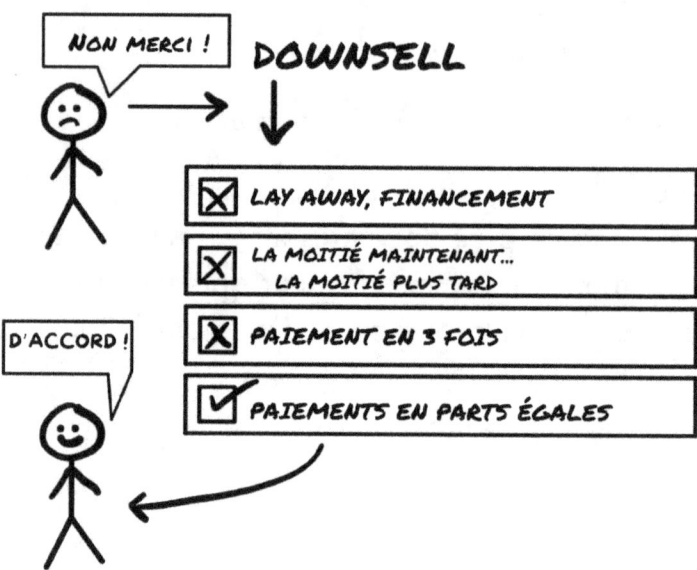

Août 2013.

Au cours de mon premier mois d'activité, avec seulement un mois de loyer en réserve, j'avais désespérément besoin de réaliser des ventes pour maintenir ma salle de sport à flot. Lorsqu'une cliente potentielle m'a dit qu'elle ne pouvait pas se permettre mon programme, au lieu d'abandonner, je lui ai proposé différentes options de paiement. Finalement, nous nous sommes mis d'accord sur un paiement intégral le jour de sa paie, juste avant la date d'échéance du loyer. Deux semaines plus tard, j'ai réussi à débiter sa carte, marquant ainsi mon premier plan de paiement réussi, et j'ai pu maintenir mon entreprise à flot.

***

Les plans de paiement constituent un pari risqué, car ils peuvent générer des bénéfices d'une certaine manière, mais entraîner des pertes de deux autres manières. Ils vous permettent de gagner davantage lorsque vous attirez plus de clients et que ces derniers effectuent leurs paiements. Ils vous font perdre de l'argent lorsque les clients annulent avant que vous ne réalisiez de bénéfices. Vous subissez les pertes les plus importantes lorsque des clients qui auraient payé la totalité choisissent un plan de paiement et annulent prématurément.

Ce chapitre vous explique comment maximiser vos gains grâce aux plans de paiement et minimiser vos pertes.

Explication

Lorsque la plupart des gens pensent à la «downsell», ils associent cela à une quantité moindre, une qualité inférieure, un prix plus bas, etc. C'est compréhensible. Cependant, je préfère pratiquer la downsell en proposant à nouveau le même produit. Je sais que cela peut sembler surprenant, mais veuillez m'écouter. Au lieu de proposer un produit différent, je répartis le coût en facturant une partie dès le départ et en échelonnant le reste en plusieurs paiements. J'appelle cela une downsell par plan de paiement. Examinons comment cela fonctionne.

Beaucoup de gens refusent les offres parce qu'elles «coûtent trop cher». Cependant, dans la plupart des cas, «ça coûte trop cher» *signifie en réalité* «ça coûte trop cher *maintenant*». Les plans de paiement attirent donc plus d'acheteurs, car les clients paient moins au moment de l'achat. Mais ils augmentent également vos bénéfices, car les clients paient tout de même le prix total au fil du temps.

Mon processus de downsell par plan de paiement comprend jusqu'à sept étapes. Le processus passe d'un paiement plus élevé au départ à un paiement plus élevé au fil du temps. Je m'arrête lorsqu'ils achètent. Voici mon processus.

Exemple de processus de downsell par plan de paiement

Étape 1) Récompenser le paiement intégral plutôt que pénaliser le paiement échelonné. Si j'accepte le risque d'un plan de paiement, j'augmente le prix. Les entreprises traditionnelles le font en facturant des intérêts, mais personne n'apprécie payer des intérêts. Je le fais donc en offrant une remise *si le paiement est effectué en une seule fois.*

Étape 2) Proposer des options de financement par un tiers, par carte de crédit ou layaway.

Financement par un tiers : cela signifie qu'une autre entreprise me paie immédiatement et que le client bénéficie d'un plan de paiement *auprès de cette autre entreprise.*

Carte de crédit : il suffit de demander «préférez-vous que je décide de vos conditions de paiement ou que vous les décidiez vous-même ?». Ils répondent qu'ils préfèrent décider eux-mêmes. Dans ce cas, je leur conseille d'utiliser une carte de crédit. Ainsi, je suis payé immédiatement et ils peuvent payer la société émettrice de la carte de crédit au fil du temps. J'ai appris cette nouvelle approche auprès d'un maître vendeur et j'ai été surpris de constater à quel point elle fonctionne bien.

<u>Le layaway</u> : le layaway consiste à payer le produit *avant* de l'obtenir. Les clients peuvent effectuer autant de versements qu'ils le souhaitent. Ils peuvent prendre tout le temps nécessaire pour payer. Cependant, ils ne reçoivent le produit qu'*après avoir payé la totalité du montant.* C'est *de loin* la solution la plus flexible pour eux et la moins risquée pour nous.

S'ils refusent ces options, je passe à l'étape 3.

Étape 3) Proposer « la moitié maintenant, l'autre moitié plus tard ». Je commence par demander « *Quand sera votre prochain jour de paie ?* ». Ensuite, je demande « *Souhaitez-vous verser la moitié aujourd'hui et le reste lorsque vous serez payé ?* ». S'ils ne peuvent pas le faire, je demande « *Quel est le montant maximum que vous pouvez verser aujourd'hui ?* ». Lorsqu'ils proposent un montant, je réponds « *Parfait. Nous verserons cette somme aujourd'hui et le reste lorsque vous serez payé. Cela vous convient-il ?* » J'aime planifier les paiements en fonction des salaires, car la plupart des gens sont payés toutes les deux semaines. Cela augmente les bénéfices sur 30 jours bien plus que les paiements mensuels.

S'ils ne peuvent pas le faire, je prends le temps de m'assurer qu'ils souhaitent réellement le produit.

Étape 4) Vérifiez s'ils souhaitent toujours acquérir l'article. Je pourrais dire quelque chose comme « *Je comprends. Vous avez donc des difficultés financières en ce moment. Très rapidement, je veux m'assurer de quelque chose. Sur une échelle de 1 à 10, à quel point souhaitez-vous cet article ?* » S'ils répondent 8 ou plus, continuez à leur proposer des plans de paiement et dites « *Parfait. Ne vous inquiétez pas. Nous allons trouver un moyen de vous satisfaire.* » S'ils répondent 7 ou moins, demandez « *Pourquoi pas 10 ?* », puis dites quelque chose comme « *Vous avez raison. Je pense que nous avons peut-être quelque chose qui pourrait mieux vous convenir.* » Vous leur vendez alors un autre produit (downsell à options, nous y reviendrons un peu plus tard).

Étape 5) Proposez un paiement en trois versements. S'ils ont répondu entre 8 et 10 sur l'échelle, je réduis le prix de moitié à un tiers. Je propose une option de paiement en trois versements : un tiers maintenant et deux tiers sur les deux prochains salaires - *ou* – un tiers maintenant et deux tiers sur les deux prochains mois.

Étape 6) Proposez des paiements échelonnés de manière régulière. S'ils ne parviennent toujours pas à s'en acquitter, je répartis les paiements de manière égale sur le reste de leur service. Si cela pose toujours problème, je passe à l'étape 7.

Étape 7) Proposez un essai gratuit. Je propose des essais gratuits d'une manière particulière. J'y consacre donc le chapitre suivant. Cependant, la vente s'arrête là. Du moins pour l'instant.

Ce processus de downsell par plan de paiement comprend jusqu'à *neuf* offres. Si cela vous semble irréaliste, vous gagnez probablement moins d'argent et servez moins de clients que vous ne le pourriez.

Points importants

Réduisez le nombre de paiements refusés. Alignez les calendriers de paiement sur les calendriers de paie. Si vous facturez les jours où les gens ont leur salaire, ils sont plus susceptibles de payer.

Comment vous assurer que les plans de paiement vous rapportent de l'argent. Après avoir mis en place des plans de paiement, votre taux de finalisation devrait augmenter. Cependant, si le nombre de paiements intégraux diminue, vous venez d'orienter des personnes qui auraient payé en totalité vers des plans de paiement ! *Vous souhaitez donc conclure plus de rendez-vous dans l'ensemble, mais avec le même pourcentage de rendez-vous payés en totalité.*

Exercice n° 16 : Élaborez votre downsell par plans de paiement

Indiquez le prix total de votre offre principale. Ensuite, rédigez trois options de plans de paiement que vous pourriez utiliser.

Prix total : _____ $

Option 1 – La moitié maintenant, la moitié plus tard : _____

Option 2 – Trois paiements : _____

Option 3 – Plan à versements égaux (durée + montant) : _____

Essai sous conditions

Si vous effectuez X, Y, Z, je vous autoriserai à commencer gratuitement.

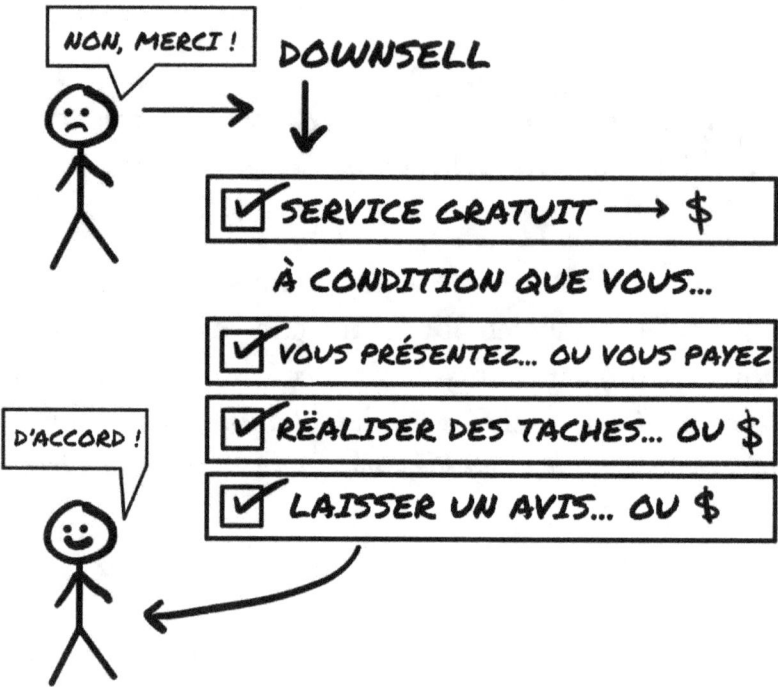

Printemps 2018.

Gym Launch connaissait une croissance rapide. Leila avait besoin de meilleures solutions RH pour gérer l'ensemble et avait trouvé une entreprise avec une offre intéressante. L'entreprise proposait un accompagnement initial gratuit si Leila suivait leur formation, mais le lui facturait si elle choisissait de l'éviter. Cette stratégie l'a obligée à apprendre à utiliser leur logiciel complexe.

Elle a fini par continuer à l'utiliser, simplement parce qu'elle ne voulait pas devoir se former à utiliser un autre programme.

Explication

Dans le cadre d'une offre d'essai sous conditions, les clients peuvent essayer votre produit ou service gratuitement *tant qu'ils respectent vos conditions*. Idéalement, ces conditions devraient être celles qui font les meilleurs clients. Elles refléteront donc les actions et les résultats utilisés dans votre offre « Récupérez votre argent ». Mais cette fois-ci, nous utilisons *le sans frais* (plutôt que le remboursement) pour inciter au respect des conditions.

Pour proposer une offre d'essai sous conditions, vous devez réfléchir à ce que les clients doivent faire pour éviter les frais et à la manière dont vous les facturez. En général, vous incitez une partie des clients à acheter votre offre principale. Proposez-la donc en premier. Les autres clients se dirigeront vers cette downsell.

Si vous ne proposez qu'une seule offre, vous perdrez tous ceux qui refusent. Proposer des essais sous conditions donne aux clients une seconde chance d'accepter.

Comment proposer une downsell avec essai

Voici un graphique illustrant comment je procède à une downsell sous condition en cinq étapes.

Proposez l'essai en dernier. Si quelqu'un indique clairement qu'il ne souhaite pas votre première offre, proposez-lui alors la version d'essai sous conditions.

Demandez toujours une carte de crédit. Enregistrez leurs informations, conservez leur pièce d'identité et demandez leur carte de crédit en disant : *« Quelle carte souhaitez-vous utiliser ? »* Ils doivent laisser une carte. S'ils refusent, dites simplement *: « C'est toujours comme ça que nous faisons. »*

Vendez toujours en misant sur la fidélité et la pérennité. Demandez <u>directement</u> : *« Si ce programme vous donne satisfaction, resterez-vous à long terme ? »* Vous souhaitez qu'il accepte de rester à long terme si vous lui obtenez des résultats. S'il refuse, il est inutile de lui proposer un essai. Une fois qu'il a accepté, passez à l'étape suivante.

Expliquez les frais *après* avoir obtenu leur carte. Je dis quelque chose comme : *« Nous ferons notre part tant que vous ferez la vôtre. C'est équitable, n'est-ce pas ? Je vous demande donc simplement de miser sur vous-même : si vous manquez ou ignorez certaines étapes, vos résultats en pâtiront. Nous facturons des frais pour vous aider à rester sur la bonne voie. Si vous manquez une étape, ce n'est pas grave. Vous devrez payer des frais minimes, mais cela vous permettra de vous remettre sur la bonne voie. Si vous allez jusqu'au bout, vous bénéficierez de tout cela gratuitement. C'est donc le meilleur moyen pour nous de vous obtenir des résultats exceptionnels tout en vous offrant un service gratuit. C'est le meilleur compromis pour les deux. »*

Remarque : si vous expliquez les frais *avant* de remettre la carte, vous rencontrerez plus de résistance. Expliquez-les donc *après,* en adoptant une attitude du genre *« C'est toujours comme ça que nous faisons ».*

Rendez les contrôles obligatoires. Tout d'abord, nous expliquons *tous* les critères afin qu'ils comprennent les coûts et les avantages de l'adhésion. Ensuite, nous attirons leur attention sur les vérifications (nos opportunités d'upsell).

Comment je passe à l'upsell à partir d'un essai. Lorsqu'une personne effectue un essai, trois scénarios sont possibles : elle apprécie, elle n'apprécie pas ou elle n'utilise pas le service. Voici comment je place une upsell dans chaque scénario.

1) S'ils l'apprécient : c'est le cas le plus simple. Vous avez déjà mis en place la facturation automatique. Parfait ! Rencontrez-les quand même. Vous pouvez toujours leur proposer une version à plus long terme ou à plus forte valeur ajoutée de votre service (ou les deux). Les clients satisfaits ont tendance à tirer encore plus de valeur de vos produits les plus performants (et les plus rentables).

2) S'ils n'aiment pas le produit : *renversez la situation.* Demandez-leur ce qu'ils auraient souhaité. Dites-leur qu'ils ont tout à fait raison et que vous êtes déçu de ne pas y avoir pensé. *Ne leur faites pas de reproches.* Une seule personne peut être en colère, et c'est vous. Demandez-leur s'ils vous donneront une chance de vous améliorer, car vous êtes profondément déçu de leur expérience. Et maintenant que vous comprenez mieux leurs besoins, vous savez qu'ils correspondent mieux à votre produit haut de gamme. Proposez-le-leur. Oui, c'est une vente. Je peux convaincre environ la moitié de ces personnes d'acheter.

3) S'ils ne l'ont pas utilisé, *contactez-les plusieurs fois avant d'en arriver là.* Expliquez-leur que vous avez besoin de les rencontrer. Proposez-leur de renoncer aux frais s'ils acceptent. Vous pouvez alors essayer de les remettre sur la bonne voie ou leur proposer quelque chose de mieux. Je n'aime pas facturer les projets qui n'aboutissent pas. Des frais minimes ne valent pas une évaluation 1 étoile. Mais bon, c'est votre choix.

Ce qu'ils obtiennent gratuitement et ce qu'ils doivent faire pour éviter les frais. Vous devez connaître vos *conditions d'utilisation*. Les éléments importants seront *soit* votre offre de base (comme l'offre leurre), *soit* votre offre «Récupérez votre argent». Les deux fonctionnent. Je recommanderais d'offrir plus plutôt que moins, si vous en avez les moyens. Les critères doivent permettre d'activer et de fidéliser les clients.

Frais fractionnés ou frais forfaitaires. Supposons que vous ayez un produit à 500 $ avec dix choses à faire. Je préfère facturer 50 $ pour chaque erreur plutôt que 500 $ pour la première erreur. D'un autre côté, si une seule erreur compromet vraiment leur réussite, vous voudrez que les frais reflètent cela. J'ai vu les deux fonctionner.

Permettez aux clients de se rattraper. Les gens se découragent souvent après avoir reçu des frais. Cependant, vous pouvez leur offrir la possibilité de «se rattraper». Cela permet de les remettre sur la bonne voie et de les convertir. Toutefois, s'ils manquent cette occasion, vous êtes en droit de leur faire payer.

Payer moins maintenant ou payer plus plus tard ou essai sous conditions. J'utilise «Payer moins maintenant ou payer plus plus tard» comme argument de vente pour les produits physiques ou les services ponctuels. Et j'utilise «Essai sous conditions» comme argument de vente pour les produits ou services d'abonnement.

Les remises permettent d'obtenir des cartes enregistrées. Certaines personnes peuvent se montrer réticentes lorsque vous offrez des avantages gratuits et demandez une carte. Cependant, si votre prix est très bas, cela justifie la demande de carte. La modique somme signifie que la carte fonctionnera probablement lorsque les paiements automatiques commenceront. Ainsi, au lieu d'un mois gratuit, vous pourriez proposer «le premier mois pour 1 $», puis X $ par mois lorsque l'abonnement se renouvelle.

Exercice n° 17: Créez votre essai sous conditions

1. Notez le prix total/la pénalité s'ils ne font pas ce qu'ils sont censés faire :

   _____ $

2. Notez les conditions de votre essai :

   a. Action qu'ils doivent effectuer n° 1 : _____

      i. Prix/pénalité s'ils ne le font pas : _____ $

   b. Action qu'ils doivent effectuer n° 2 : _____

      i. Prix/pénalité s'ils ne le font pas : _____ $

c.   Action qu'ils doivent effectuer n° 3 : _____

    i.   Prix/pénalité s'ils ne le font pas : _____ $

d.   Réunion à laquelle ils doivent assister n° 1 : _____

    i.   Prix/Pénalité en cas d'absence : _____ $

e.   Réunion à laquelle ils doivent assister n° 2 : _____

    i.   Prix/Pénalité en cas d'absence : _____ $

f.   Réunion à laquelle ils doivent assister n° 3 : _____

    i.   Prix/Pénalité en cas d'absence : _____ $

CADEAU GRATUIT : Formation sur les essais gratuits

Toutes les entreprises ne peuvent pas proposer d'essais gratuits. Cependant, si vous en avez la possibilité, cela peut constituer une excellente stratégie de vente. Il existe évidemment de bonnes et de mauvaises façons de procéder, ainsi que des entreprises plus ou moins adaptées à cette approche. J'ai réalisé une vidéo gratuite pour vous, qui reprend ce chapitre avec autant de détails que possible. Vous pouvez la visionner à l'adresse acquisition.com/training/money. J'ai ajouté un code QR pour un accès rapide et facile.

Downsells avec options

Pourquoi ne pas essayer ceci à la place ?

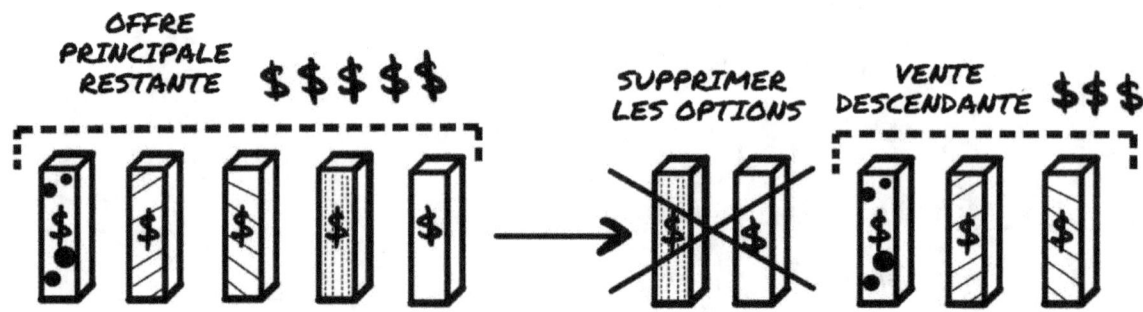

Je ne me souviens plus quand, en 2019.

Un ami chef d'entreprise m'a montré une nouvelle technique de downsell qui a triplé son taux de finalisation, passant de 25 % à 75 %, sans recourir à des plans de paiement ou à des remises traditionnelles. Il a proposé un prix plus bas en supprimant la garantie de remboursement qu'il offrait habituellement. Il l'a donc traitée comme une option qu'il pouvait ajouter ou supprimer, avec une valeur associée. Cette downsell a augmenté ses ventes globales, mais a également stimulé les paiements. Lorsque les clients ont réalisé qu'ils perdraient la garantie, ils ont compris qu'ils la souhaitaient encore plus.

Les résultats ont été significatifs : sur 100 clients potentiels, 35 achètent désormais le produit principal (contre 25 auparavant) et 40 supplémentaires choisissent l'option de downsell (sans garantie).

Explication

Les options de type «downsells» réduisent les prix en modifiant ce que les clients obtiennent. Je le fais en proposant des alternatives en moindre quantité, de moindre qualité, à moindre prix, ou en supprimant des options.

Toutes les options ont un prix et une valeur. Si vous supprimez quelque chose, le prix baisse, bien sûr. Mais la valeur baisse également. Les fonctionnalités que vous supprimez et l'importance de la baisse de prix ont une incidence sur la qualité de l'offre dont bénéficie le client. Cette modification du rapport prix/valeur de votre offre influe sur le comportement d'achat des clients. Les clients souhaitent obtenir la *meilleure offre possible*.

Par exemple, si vous supprimez des éléments qu'ils n'apprécient pas et que vous baissez considérablement le prix, ils obtiennent une *meilleure offre*. Si vous supprimez des éléments qu'ils apprécient et que vous baissez légèrement le prix, ils obtiennent une *moins bonne offre*. Dans les deux cas, les clients sont incités à acheter. Dans l'histoire, les clients appréciaient la garantie. *La garantie avait beaucoup plus de valeur que son prix.* Ainsi, même s'ils ont d'abord refusé, le fait de supprimer la garantie a immédiatement montré sa valeur. Les clients ont considéré l'offre à prix plus élevé comme une *meilleure affaire*. Ainsi, après avoir vu l'option de downsell, ils ont acheté la première offre.

Les gens verront la valeur de ce que vous avez supprimé *après avoir constaté la différence de prix*. En effet, les gens évaluent combien d'argent ils économisent par rapport à la valeur qu'ils perdent. Ainsi, une downsell intelligente incite les clients à se «re-vendre» eux-mêmes les offres plus chères. Cela signifie que vous devez *supprimer les options de la plus haute à la plus basse valeur*. Comme les gens veulent en avoir plus pour leur argent, cela incite les clients à faire l'achat qui leur offre la plus grande valeur.

La technique de downsell avec options repose sur une formule simple : retirer quelque chose, baisser le prix et demander en quelques mots «Qu'en pensez-vous maintenant ?».

Exemples de downsell avec options

Downsell avec options sur la qualité du produit. Pensez aux versions plus anciennes, aux matériaux moins fiables, aux matériaux de moindre prestige social, etc.

Downsell sur la qualité du produit : *au lieu des sièges en cuir, nous pouvons proposer des sièges en vinyle, qu'en pensez-vous ?*

Downsell avec options sur la qualité du service. Cela peut signifier beaucoup de choses. Je vais vous donner quelques exemples de façons dont je modifie la qualité des services. Indice : cela permet également *d'améliorer* la qualité du service.

Downsell sur la qualité du service : *au lieu d'un délai de réponse de 5 minutes, pourquoi ne pas commencer par un délai de réponse de 24 heures ? Vous économiserez de l'argent et obtiendrez toujours vos réponses, avec un léger retard.*

Autres options de qualité de service :

- Disponibilité horaire : à des heures précises ou quand vous le souhaitez
  - o Jours de la semaine : lundi/mercredi/vendredi ou tous les jours

87

- o Heures de la journée : de 9 h à 17 h ou 24 h/24

- o Durée : appels d'assistance de 15 minutes ou appels d'assistance de 60 minutes

- Disponibilité du lieu : un seul lieu ou tous les lieux que nous possédons

- Annulations : frais de report ou gratuité

- Rapidité de réponse : réponse en quelques minutes ou quelques heures ou quelques jours, etc.

- Rapidité de livraison : attente standard ou priorité, le jour même/le lendemain ou la semaine suivante, etc.

- Rapport de service : individuel ou collectif ou multiple

- Méthode de communication : assistance par SMS ou assistance par chat ou assistance par appel vidéo, etc.

- Qualifications du prestataire : propriétaire, employé de longue date, nouvel employé, etc.

- En direct ou enregistré : visionner en temps réel ou visionner *en différé*.

- En personne ou à distance : visionner sur place ou visionner ailleurs

- Faites-le vous-même, on le fait avec vous, on le fait pour vous.

- Expiration : Fonctionne indéfiniment, fonctionne pendant une durée X, fonctionne à des moments spécifiques

- Personnalisation : générique ou sur mesure

- Assurance/garantie :

  - o Durée : pour un an ou à vie

  - o Couverture : en cas de problème spécifique ou tout risque

  - o Conditions : inconditionnelle ou uniquement si vous effectuez XYZ

Downsell en supprimant des options entières. Plutôt que de réduire la quantité ou la qualité, vous supprimez l'option elle-même. Dans l'histoire ci-dessus, il a supprimé une garantie.

<u>Downsell en supprimant des options entières</u> : *au lieu d'offrir une assistance prioritaire par chat, par e-mail et par téléphone, pourquoi ne pas conserver uniquement l'assistance par chat et par e-mail et supprimer l'assistance téléphonique afin de vous permettre de réaliser des économies ? Vous obtiendrez toujours des réponses à vos questions, mais cela nous permettra de gagner du temps et de vous faire bénéficier de ces économies.*

Downsell avec options : <u>du service « clé en main » au service « à faire soi-même »</u>. Si quelqu'un refuse toutes vos réductions de services, vous pouvez proposer un autre produit qui résout le même problème.

<u>Downsell de produits prêts à l'emploi ou à monter soi-même</u> :

- <u>Chiropracteur</u> : *Au lieu de vous proposer des ajustements chiropratiques, pourrions-nous commencer par vous fournir des outils que vous pourriez utiliser vous-même à domicile ?* Vous pourriez alors vendre des outils de massage à domicile, des rouleaux en mousse, des tapis, etc.

- <u>Peintre</u> : *Si vous n'avez pas les moyens de me payer pour peindre votre maison, pourquoi ne pas simplement vous fournir la peinture et vous louer l'une de nos machines à pulvériser à un tarif journalier ?*

- <u>Alex Hormozi</u> : *Au lieu que mon équipe et moi-même rachetions votre entreprise et développions activement votre activité, pourquoi ne pas simplement participer à une formation ? (*Hum hum* Rendez-vous sur acquisition.com)*

Points importants

N'oubliez pas : ne négociez jamais le prix. Ne laissez personne payer moins cher *sans raison valable.*

Conservez votre rôle de guide utile. N'oubliez pas que la downsell consiste à essayer de trouver *la meilleure offre pour vos clients.*

Optimisez votre processus de downsell. Notre travail consiste à faire en sorte que le produit ait le meilleur rapport qualité-prix *aux yeux du client.* Cependant, au début, vous ne saurez pas grand-chose des préférences de vos clients. Ainsi, en résolvant les mêmes problèmes pour le même type de clients, vous apprendrez ce qu'ils trouvent le plus intéressant.

Comment je standardise mon processus de downsell. Tout d'abord, je supprime un élément de valeur et baisse légèrement le prix. Je procède ainsi pour inciter les clients à reconsidérer l'offre/le prix initial. Si cela échoue, je continue à supprimer des options et à baisser les prix jusqu'à ce qu'ils achètent. Je préfère que les clients obtiennent quelque chose plutôt que rien.

Donnez un nom à vos combinaisons d'options. Donnez à la combinaison la plus chère un nom qui reflète le statut auquel vos clients aspirent : «Le forfait Premium», «La transformation complète», «Le Jackpot», etc. Inspirez-vous des compagnies aériennes. Créez votre propre version de la première classe → classe affaires → classe économique.

Je nomme ma combinaison la moins chère «La basique». J'aime bien cette appellation, car elle implique qu'ils doivent *au moins* obtenir cette chose. Si quelqu'un rejette toutes les autres offres, je dis simplement «Donc, rien de plus que l'offre basique ?» Pour les amener à dire non pour dire oui (comme dans l'upsell classique).

Après chaque downsell, demandez «Ça vous convient ?» ou «C'est d'accord ?». Cela fonctionne *remarquablement* bien. Moins de personnes vous verront modifier l'offre qui leur est proposée et diront «Non, ce n'est pas bon». Écoutez comment je présente les downsells dans l'épisode 202 de mon podcast *The Game*, «remarquablement efficace. Moins de personnes remarqueront que vous modifiez l'offre qui leur est proposée et diront» Non, ce n'est pas bon». Écoutez comment je présente les downsells avec options dans l'épisode 202 de mon podcast The Game, «Comment conclure avec tout le monde : la downsell comme un pro».

Les initiations gratuites stimulent les ventes de produits à monter soi-même. Une fois qu'une personne a refusé toutes mes offres «Sur Mesure», je demande : «Même si nous ne travaillons pas ensemble sur X, je souhaite tout de même vous aider. Que diriez-vous de participer demain à une séance d'initiation gratuite sur X ?» À la fin de la séance, je propose un produit à faire soi-même qui résout le même problème que le service «Sur Mesure».

Intégrez aux downsells vos garanties. Si vous offrez déjà une garantie, intégrez sa suppression dans votre processus de vente. Les gens apprécient la sécurité, donc la supprimer permet à beaucoup d'en réaliser la valeur. Cela permet souvent de transformer un «non» initial en «oui».

Proposez des downsells à <u>vos clients actuels.</u> Les clients qui utilisent toutes les options pour lesquelles ils paient continuent à payer plus longtemps que ceux qui ne le font pas. Ainsi, dès que vous constatez qu'un client n'utilise pas une option, proposez-lui un prix inférieur, en ne lui faisant payer que les options qu'il utilise. Soit il vous dira qu'il souhaite la conserver et recommencera à l'utiliser, soit il sera satisfait que vous lui ayez proposé une *meilleure offre.*

Échangez contre des avis, des témoignages et des recommandations. Le troc est la plus ancienne forme d'échange. Ma pierre taillée contre ta peau de lapin. J'apprécie le troc. Si un client conteste le prix, je propose parfois des réductions en échange de publicité. Exemple : « Je vous accorde une réduction de 100 $ si vous : 1) laissez un avis sur tous les sites 2) me laissez un témoignage vidéo 3) publiez un message public sur les réseaux sociaux au début, au milieu et à la fin de notre programme pour montrer vos progrès 4) invitez deux amis qui pourraient être intéressés par ce programme. Marché conclu ? » Pour moi, la publicité vaut plus que la remise de 100 $. Pour eux, les 100 $ ont moins de valeur que la publicité. Tout le monde y gagne.

Exercice n° 18 : Créez vos propres downsells

1. Downsell avec option n° 1 (ce qu'ils souhaitent le plus) : _____

    _____

    a. Réduction appliquée (petite) : _____ $

2. Downsell avec option n° 2 (ce qu'ils souhaitent *moins*) : _____

    _____

    a. Remise appliquée (moyenne) : _____ $

3. Downsell avec option n° 3 (ce qu'ils souhaitent *moins*) : _____

    _____

    a. Remise appliquée (moyenne) : _____ $

4. Downsell avec option n° 4 (ce qu'ils souhaitent *moins*) : _____

    _____

    a. Remise appliquée (importante) : _____ $

CADEAU GRATUIT : Formation sur la downsell avec options [sans inscription]

Comprendre les options des services et des produits vous confère un avantage considérable. Cela peut vous aider à rendre vos produits extrêmement rentables tout en restant attractifs pour le client. C'est l'un de mes sujets préférés et je vous ai préparé une formation supplémentaire à ce sujet. Vous pouvez la visionner, comme toujours, sur acquisition.com/training/money. J'ai ajouté un code QR pour un accès rapide et facile.

Conclusion sur les offres de downsell

Tout le monde effectue des achats.

Les downsells vous offrent une nouvelle opportunité de convaincre un client en transformant les *refus* en *acceptations*. Par conséquent, il s'agit moins d'avoir une centaine de produits différents avec la même offre que d'avoir une centaine d'offres différentes pour le même produit. Cependant, l'offre ne consiste jamais à proposer le même produit à un prix inférieur. Nous ajustons simplement l'offre jusqu'à ce qu'elle soit la plus avantageuse pour eux. Les revenus supplémentaires augmentent considérablement nos bénéfices sur 30 jours et nous permettent de dépasser nos objectifs.

Nous avons donc utilisé des offres d'attraction pour inciter les clients à effectuer un *premier achat*. Nous avons utilisé des upsells pour les inciter à acheter un produit supplémentaire. Et maintenant, je vous ai présenté mes trois processus de downsell les plus efficaces *au cas où ils refuseraient* : les downsells avec des plans de paiement, les essais sous conditions et les downsells avec options.

Ensuite, nous avons la dernière étape de *$100 M - Les Modèles d'Argent* : les offres d'abonnement, qui visent à *fidéliser les clients*.

Exercice n° 19 : choisissez votre offre de downsell

Choisissez les offres de downsell que vous allez commencer à utiliser pour inciter davantage de personnes à accepter. Reportez-vous aux réponses de vos exercices dans ce chapitre et commencez à utiliser vos downsells. Cochez toutes celles que vous prévoyez d'utiliser :

a. Offres de downsell par plans de paiement ( )

b. Essai sous conditions ( )

c. Downsell avec options ( )

CHAPITRE V :
OFFRES D'ABONNEMENT

On peut tondre un mouton toute sa vie, mais on ne peut le dépouiller qu'une seule fois. - John, l'un de mes premiers mentors.

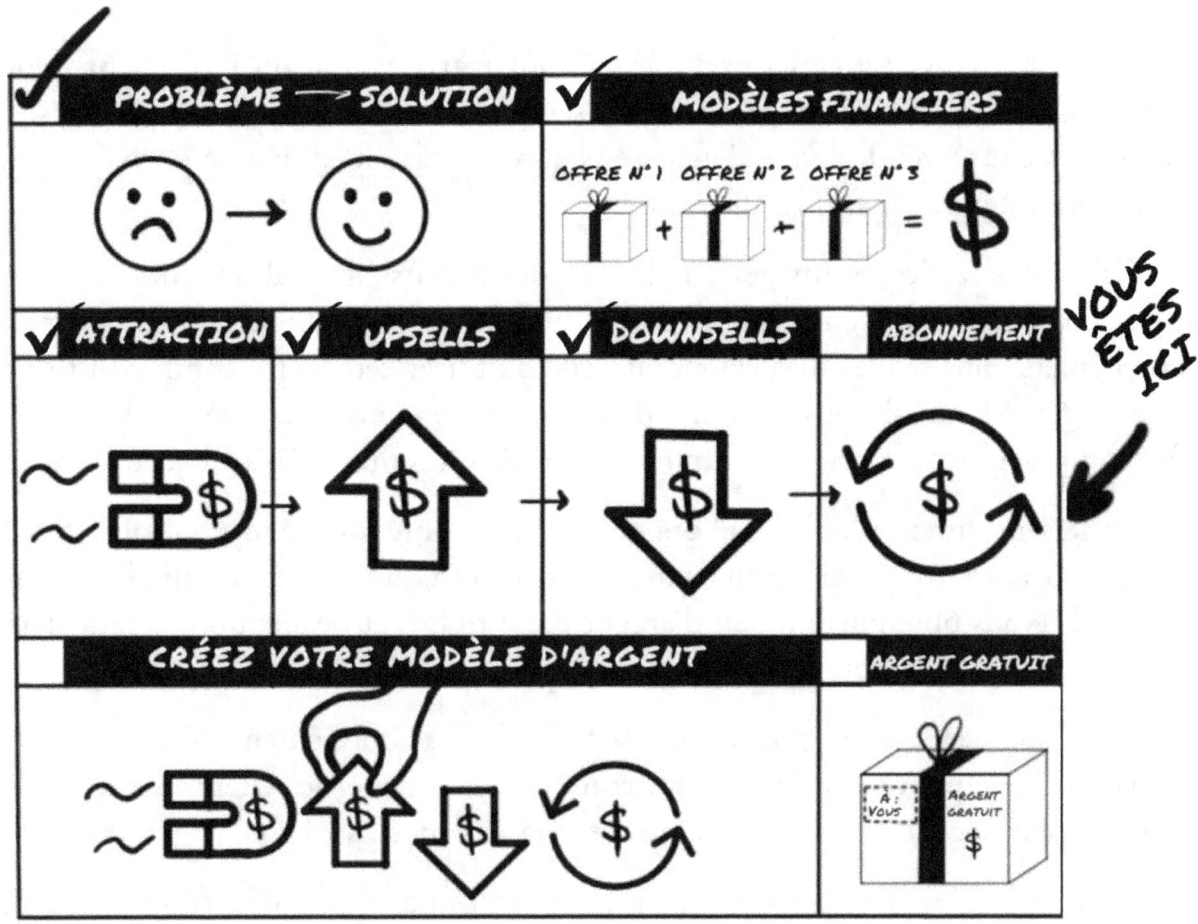

Lorsque vous gérez correctement un abonnement, vous obtenez plus de clients *et* gagnez plus d'argent grâce à eux. Les offres d'abonnement *fournissent une valeur ajoutée continue pour laquelle les clients effectuent des paiements réguliers, jusqu'à ce qu'ils résilient.* Elles augmentent les bénéfices générés par chaque client et vous offrent une dernière opportunité de vente. Les offres d'abonnement sont remarquables, car vous vendez une seule fois, mais êtes rémunéré de manière répétée.

Permettez-moi de vous expliquer.

Supposons que vous proposiez un produit à 1 000 $ à 100 personnes et que 10 d'entre elles l'achètent : vous gagnez 10 000 $ (10 x 1 000 $).

Maintenant, supposons que vous vous adressiez aux mêmes 100 personnes, mais que vous proposiez votre produit à 1 000 dollars... à raison de 50 dollars par mois. À 50 dollars, nous pouvons convaincre 40 personnes sur 100 d'acheter. Et si vous fidélisez ces personnes pendant vingt mois, vous gagnez toujours 1 000 dollars par client. Vous passez ainsi de 10 000 dollars maintenant et 0 dollar à terme à 2 000 dollars maintenant et 40 000 dollars à terme.

En outre, dans le premier exemple, si vous n'avez vendu qu'à 10 clients, vous n'aurez que 10 clients à qui proposer des upsells ultérieurement. Si vous avez utilisé une offre d'abonnement et vendu à 40 clients, vous aurez quatre fois plus de clients à qui proposer des upsells ultérieurement. La différence est considérable.

Cela illustre les avantages et les inconvénients de l'abonnement. Vous pouvez attirer davantage de clients par rapport à une offre plus coûteuse, mais vos revenus sont actuellement plus faibles. Il est donc difficile d'utiliser cette offre comme offre d'attraction *à elle seule*. Même si vous avez un potentiel de revenus plus élevé à l'avenir, les offres d'attraction continues peuvent entraîner des difficultés financières à court terme.

En faisant durer les offres d'abonnement, nous obtenons le top du top. Nous obtenons de l'argent aujourd'hui grâce aux offres d'attraction, aux offres de upsell et aux offres de downsell. Nous obtenons un peu d'argent aujourd'hui et beaucoup d'argent demain grâce aux offres d'abonnement.

Pour être clair, vous pouvez faire des offres d'abonnement où et comme vous le souhaitez. Elles peuvent attirer de nouveaux clients, inciter les clients actuels à acheter des produits plus chers ou moins chers, ou réengager d'anciens clients.

De plus, seules certaines offres sont pertinentes pour une offre d'abonnement. Il serait peu judicieux pour quelqu'un de payer pour une formation d'une journée... à vie. Il est plus logique pour lui de payer jusqu'à ce qu'il ait amorti le coût, ce qui en fait un plan de paiement. Parallèlement, il serait probablement inapproprié de proposer un prix unique (même élevé) pour fournir un service à vie. Si vos clients bénéficient d'une valeur continue, il serait probablement judicieux pour eux d'effectuer des paiements continus.

Les trois offres d'abonnement

Toutes les offres visent à inciter les clients à acheter. Cependant, les offres d'abonnement visent à inciter les clients à continuer d'acheter. J'y parviens en combinant des bonus, des remises et des frais.

- Abonnement: offres de bonus

- Abonnement: offres de remise

- Offre sans frais

Maintenant que nous avons abordé ce sujet, il est important de noter que vous ne pouvez pas fidéliser les clients à votre offre d'abonnement s'ils n'ont pas encore adhéré... alors commençons par là.

Offres bonus sur abonnement

Si vous aimez cela, vous allez adorer ce qui vient...

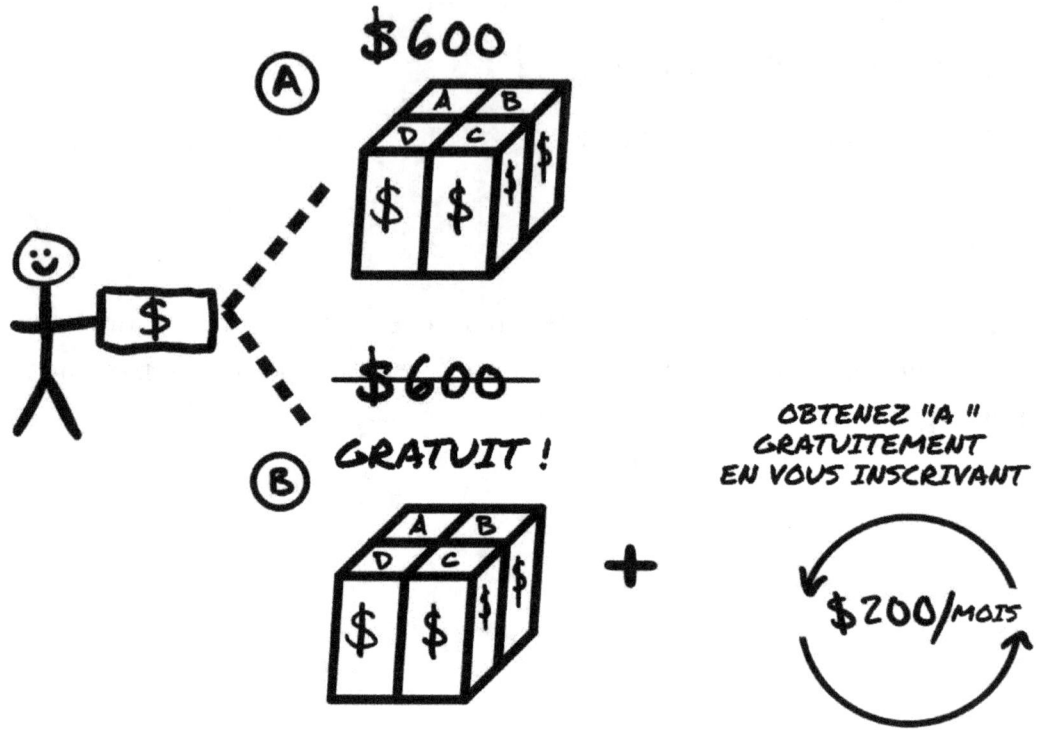

Automne 2019. Lorsque j'ai appris que les bonus incitaient davantage de personnes à adhérer à des programmes d'abonnement...

Un propriétaire de salle de sport est venu me voir en se vantant d'avoir atteint des chiffres impressionnants. Il avait modifié mon offre standard de six semaines «Récupérez votre argent». Au lieu de la vendre directement, il l'a proposée comme une offre indépendante et séparément comme un cadeau gratuit avec un abonnement. Cette modification *a triplé* ses ventes d'abonnements tout en maintenant les paiements en espèces à l'avance, car certaines personnes achetaient toujours l'offre initiale.

Plus tard, il a trouvé un moyen d'obtenir encore plus d'argent en proposant aux nouveaux membres, au cours des premières semaines, un abonnement prépayé de six mois à prix réduit. Cette modification astucieuse a transformé sa salle de sport et est devenue un élément essentiel de mes Modèles d'Argent.

Explication

Avec les bonus sur abonnement, vous offrez au client un avantage exceptionnel s'il s'inscrit aujourd'hui. En général, le bonus lui-même a plus de valeur que le premier paiement de l'abonnement. C'est aussi simple que cela.

Bonus : ajouter de la valeur. Pour les produits, vous pouvez offrir plusieurs petits articles ou un seul produit important qui complète l'abonnement. Pour les services, vous pouvez offrir un programme défini, une formation initiale, une configuration ou une option qui ajoute de la valeur.

Remise : réduire les coûts. N'oubliez pas que tout ce que vous offrez gratuitement peut également être proposé sous forme de remise. Les cadeaux et les remises influencent notre prise de décision. Il est donc judicieux de proposer les deux afin de bénéficier des avantages de chacun.

Lorsque je propose des offres d'abonnement, j'attire davantage de personnes si j'ajoute des avantages (bonus) et supprime des inconvénients (remises). Et bien sûr, tout cela fonctionne mieux avec une touche d'urgence : s'ils s'inscrivent maintenant. Vous pouvez également proposer le bonus en tant qu'achat indépendant, ou le rendre disponible uniquement s'ils souscrivent à votre offre d'abonnement. Les deux options sont possibles.

À elles seules, les offres d'abonnement génèrent moins de liquidités actuellement, ce qui rend difficile l'acquisition de clients de manière rentable. Cependant, grâce à la manière dont je les utilise, nous pouvons toujours atteindre nos objectifs de profit sur 30 jours. Voici comment : tout d'abord, je réalise toutes mes offres d'attraction, upsells et downsells qui rapportent beaucoup d'argent. Ensuite, les offres d'abonnement rapportent un peu d'argent grâce aux paiements du premier mois. Puis, j'offre aux personnes qui ont acheté un mois une réduction si elles paient plusieurs mois à l'avance. Cela augmente encore les bénéfices sur 30 jours, ce qui me donne plus d'argent pour faire de la publicité et accumuler des revenus continus. Ce n'est pas négligeable.

Exemples pour inciter les clients à prendre un abonnement

Produit physique : offre d'abonnement pour les aliments pour animaux

Bonus unique : recevez gratuitement tous les jouets pour chiens que nous avons fabriqués, d'une valeur de 800 dollars, lorsque vous vous abonnez à des livraisons mensuelles de nourriture pour chiens pour 59 dollars par mois.

Bonus mensuels : en tant que membre, vous recevrez un nouveau jouet pour chien chaque mois.

Service : offre de programme intensif

Bonus unique : Le programme intensif coûte 1 000 $ à lui seul. Obtenez-le gratuitement en devenant membre pour 100 $ par mois.

Pack bonus : les membres de la communauté VIP bénéficient d'un accès prioritaire à nos événements, d'heures d'assistance prolongées, d'un meilleur service client, etc.

Offre de produit numérique

Bonus unique : recevez mes 40 dernières newsletters d'une valeur de 15 880 $ en devenant membre dès aujourd'hui pour seulement 399 $/mois après un essai gratuit de 30 jours.

Réduction à vie + bonus à vie : En effectuant votre paiement aujourd'hui, vous pouvez bénéficier d'une remise à vie de 299 $ par mois. Bénéficiez d'un accès numérique anticipé et d'une copie physique chaque mois.

Remarque : utilisez les éléments du chapitre « Downsell avec options » pour créer de meilleurs bonus.

Points importants

Concentrez-vous sur le bonus, pas sur l'adhésion. « Rejoignez mon programme d'adhésion » n'est pas aussi convaincant que « obtenez gratuitement cet objet de valeur ». Faites donc la promotion de cela. Ensuite, expliquez le reste une fois qu'ils ont manifesté leur intérêt.

Les bonus fonctionnent un peu comme des upsells.

Dans le même ordre d'idées : en devenant membre, vous recevez gratuitement deux ans de newsletters

Complémentaire : vous bénéficiez de services nutritionnels gratuits lorsque vous souscrivez à notre abonnement fitness.

Surclassement : vous bénéficiez d'un abonnement *Gold* gratuit lorsque vous achetez un abonnement *Bronze* (disponibilité limitée).

Veillez à ce que vos bonus soient en rapport avec votre offre principale. Si le bonus est trop différent, vous risquez d'*attirer les mauvais clients*. Par exemple, il n'est pas judicieux de proposer un t-shirt gratuit pour promouvoir des services technologiques. En revanche, offrir un t-shirt gratuit pour promouvoir l'impression de t-shirts est tout à fait pertinent.

Offrez des bonus de choses que vous possédez <u>déjà</u> et que vous faites déjà. Par exemple, les newsletters des deux dernières années ne vous ont pas demandé de temps supplémentaire, mais elles ont une très grande valeur. Et l'initiation est quelque chose que vous devez de toute façon faire avec le client, alors autant lui attribuer un prix et la lui offrir en bonus. Si vous l'appréciez, ils l'apprécieront aussi.

Offrez des bonus physiques pour les produits numériques et des bonus numériques pour les produits physiques. Si je propose un abonnement numérique, je pourrais offrir une casquette, un t-shirt ou un outil, etc. en rapport avec l'offre. Si je propose un produit ou un service physique, comme un abonnement à une salle de boxe, offrir des cours en ligne peut inciter davantage de personnes à s'inscrire. Cette stratégie réduit souvent le coût d'acquisition d'un client plus que le coût du bonus. Et c'est là tout l'intérêt. De plus, si certaines personnes profitent du bonus et partent, la réduction des coûts publicitaires peut tout de même compenser cette perte. Si les clients sont trop coûteux, essayez cette stratégie.

Vous pouvez offrir des bonus gratuits sous forme de réductions et des réductions sous forme de bonus gratuits.

Bonus gratuit : Adhérez pour 200 $ et vous recevrez ce programme d'une valeur de 1 000 $ en bonus gratuit !

Remise importante : obtenez le programme d'une valeur de 1 000 $ pour 1 $ si vous devenez membre pour 200 $.

Lorsque vous présentez votre offre d'abonnement, mettez l'accent sur les bonus. Commencez par leur présenter les avantages du bonus exceptionnel. Pas votre offre d'abonnement, mais le bonus. Ensuite, <u>utilisez votre bonus de grande valeur comme point d'ancrage</u>. Cela peut les surprendre, mais *ce n'est pas grave*. Car ensuite, vous leur demandez : *« Souhaitez-vous savoir comment obtenir cela gratuitement ? »* S'ils répondent oui, ce qui sera le cas, expliquez-leur comment : *« Devenez membre VIP dès aujourd'hui et vous recevrez tout cela en cadeau pour votre adhésion. Ou vous pouvez simplement l'acheter pour XXX $. Que préférez-vous ? »*

Plus de bonus incitent davantage de personnes à s'inscrire. Après leur avoir demandé s'ils souhaitent savoir comment l'obtenir gratuitement, vous leur dites qu'ils peuvent l'obtenir en s'inscrivant. <u>Ensuite, vous ajoutez</u> : *« De plus...* lorsque vous deviendrez membre, vous bénéficierez de ... l'avantage 1, l'avantage 2, l'avantage 3. » *Mentionnez la* *valeur monétaire de chacun d'entre eux pour en souligner l'importance.* En accumulant les bonus de cette manière, vous inciterez encore plus de personnes à rejoindre votre programme de fidélité.

Rendre les bonus accessibles uniquement à ceux qui adhèrent. Si vous souhaitez inciter tout le monde à adhérer à votre abonnement, proposez-le comme seule option. En d'autres termes, *ne* rendez les bonus *accessibles* que s'ils adhèrent au programme.

Tarification pour l'abonnement ou paiement initial. Pour diverses raisons, certaines personnes préfèrent les paiements uniques à l'abonnement, même si les paiements uniques sont plus élevés. Il est donc conseillé de proposer une option de paiement unique plus élevée. De cette manière, certains clients vous permettront de générer plus de revenus aujourd'hui, tandis que d'autres vous assureront des revenus récurrents pour demain. *Plus le prix de l'offre unique est inférieur au prix de l'abonnement, plus les clients sont nombreux à choisir l'offre unique. Plus le prix de l'offre unique est supérieur au prix de l'abonnement, plus les clients sont nombreux à choisir l'abonnement.*

Si vous souhaitez augmenter vos revenus, proposez des remises sur les achats groupés prépayés. Les upsells groupées augmentent considérablement les bénéfices sur 30 jours. Supposons que vous proposiez une offre «cinq mois achetés, un mois offert». Il suffit qu'une personne sur huit accepte cette offre pour augmenter les bénéfices sur 30 jours de 50 % ! Par exemple, n'accordez le bonus qu'aux clients qui s'engagent pour une durée de 3, 6 ou 12 mois ou plus. Vous inciterez ainsi davantage de personnes à s'engager, mais moins d'entre elles accepteront, du moins par rapport à une offre accessible à tous. Au début, restez simple. Proposez simplement des bonus à l'unité et des abonnements mensuels.

Exercice n° 20 : Créez votre bonus d'abonnement

1. Indiquez le prix de votre «programme unique» (que vous offrirez comme bonus gratuit) _____ $

    a. Option de bonus n° 1 *(supplémentaire)* : _____

    b. Option de bonus n° 2 *(meilleure)* : _____

    c. Option de bonus n° 3 *(différente)* : _____

    d. Option de bonus n° 4 : _____

    e. Garantie : _____

2. Veuillez indiquer votre prix d'abonnement (qui devrait être entre un tiers et un cinquième du prix du bonus : _____ $

    a. Bonus exclusif pour les membres n° 1 : _____

    b. Bonus exclusif pour les membres n° 2 : _____

    c. Bonus exclusif pour les membres n° 3 : _____

3. Veuillez indiquer votre prix annuel prépayé pour l'abonnement : (10 fois le prix mensuel indiqué ci-dessus) : _____ $

    a. Un bonus important dont ils bénéficient en payant d'avance : _____

    _____

Offres de remise sur les abonnements

Si vous vous inscrivez aujourd'hui, vous bénéficiez de X temps gratuit.

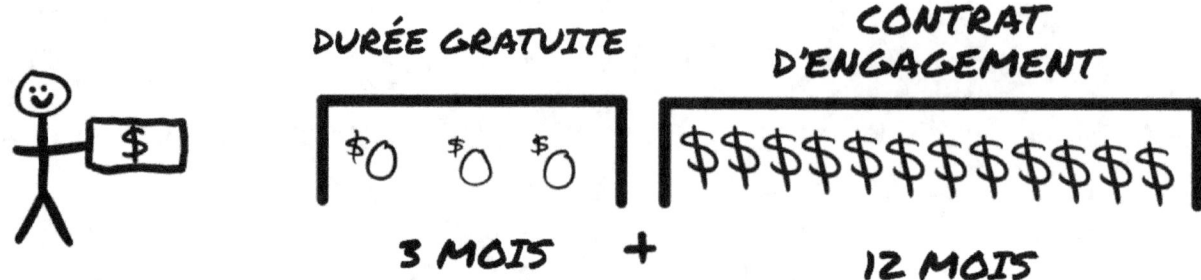

Printemps 2018.

Alors que je m'installais dans un nouveau quartier, j'ai rencontré un voisin qui s'est avéré être un homme d'affaires prospère dans un secteur inattendu : les poubelles. Il m'a confié le secret de son succès : offrir un an de service gratuit aux grands immeubles en échange de contrats payants de cinq ans. Cette offre lui a permis de conquérir de gros clients détenus par ses concurrents et d'acquérir sa clientèle à moindre coût. Malgré des pertes financières la première année en raison de toute la main-d'œuvre gratuite qu'il a fournie, son pari a porté ses fruits. Il a fini par développer son entreprise et la vendre pour plusieurs millions.

Explication

Pour proposer une remise ponctuelle sur un abonnement, vous offrez gratuitement des produits ou des services si le client s'engage à acheter davantage de produits et de services sur le long terme. Cela peut attirer de nombreux clients potentiels et facilite la vente pour tout le monde.

Si vous observez autour de vous, vous constaterez que cette offre est présente dans de nombreux secteurs. Elle est efficace. Pensez à Internet, au nettoyage de piscines, aux abonnements à des salles de sport, au paysagisme et à tout ce qui peut être loué.

Vous pouvez appliquer cette stratégie dans n'importe quelle entreprise, à condition de connaître deux éléments. Premièrement, comment vous allez appliquer la remise — je le fais de quatre façons différentes. Et deuxièmement, votre politique de résiliation — car les gens ne respectent pas toujours leurs engagements.

J'applique la remise de <u>quatre</u> façons différentes : dès le départ, à la fin, échelonné ou après le premier ou les deux premiers mois.

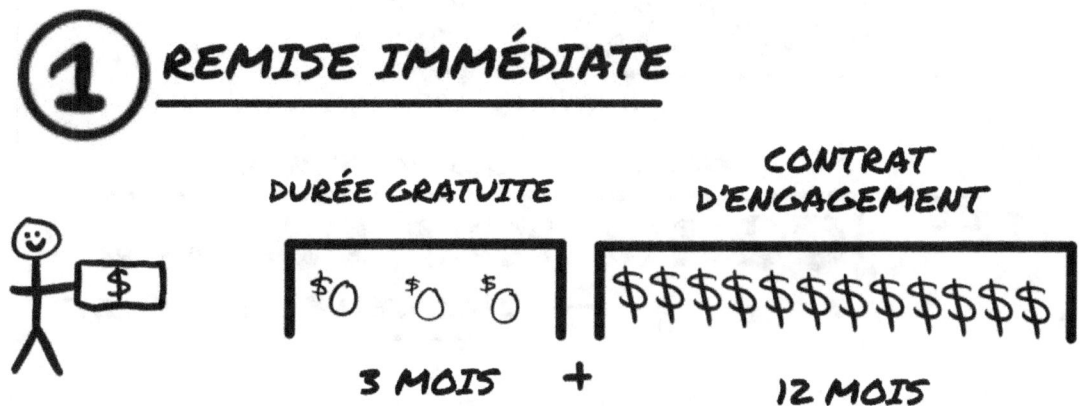

Remise immédiate. Vous appliquez la remise immédiate et repoussez la date d'échéance. Ainsi, la période « officielle » commence après la fin de la période gratuite. Cette approche est particulièrement efficace dans les secteurs qui ont toujours réussi à faire respecter les contrats (téléphonie mobile, stockage, immobilier, équipement ou tout autre domaine impliquant des garanties). Deux remarques : premièrement, si votre taux de résiliation est historiquement élevé, ignorez cette option et envisagez les autres. Deuxièmement, cela ne vous permet pas d'obtenir des clients rentables. Cela vous permet d'attirer des clients, mais retarde les rentrées d'argent. Si vous souhaitez des options plus rentables, poursuivez votre lecture.

Remise à la fin. Vous pouvez appliquer la totalité de la remise à la fin et prolonger la durée. Tant qu'ils effectuent tous leurs paiements à temps, ils bénéficient d'un délai supplémentaire égal à la valeur de la remise. Ils *gagnent* ainsi du temps gratuit.

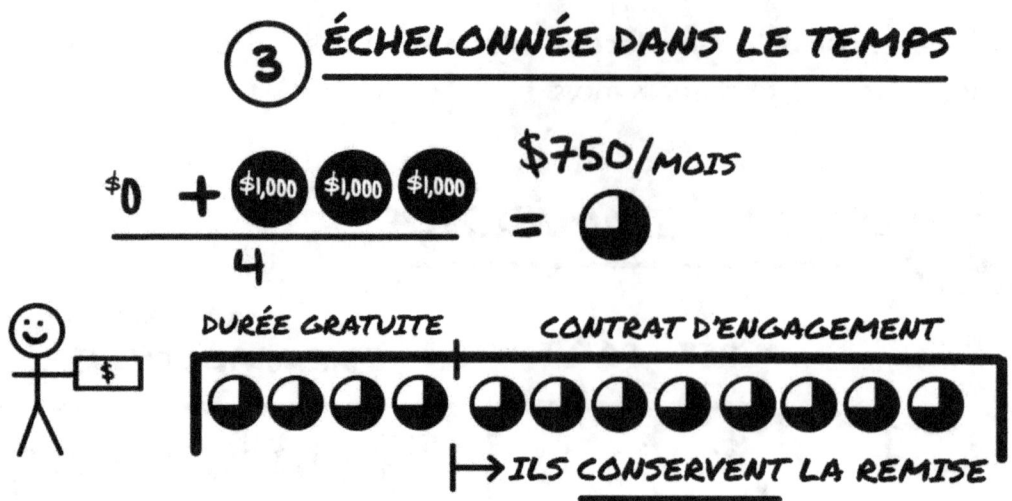

Remise échelonnée dans le temps. Appliquez la remise sur toute la durée du contrat. Supposons que vous offriez trois mois gratuits pour un engagement d'un an. À 200 $ par mois, vous avez accordé une remise de 600 $. En répartissant cette remise de 600 $ sur 12 mois, ils bénéficient d'une remise de 50 $ par mois. Vous pouvez également leur indiquer que s'ils effectuent tous leurs paiements dans les délais, ils pourront conserver cette remise à vie après la fin de la période.

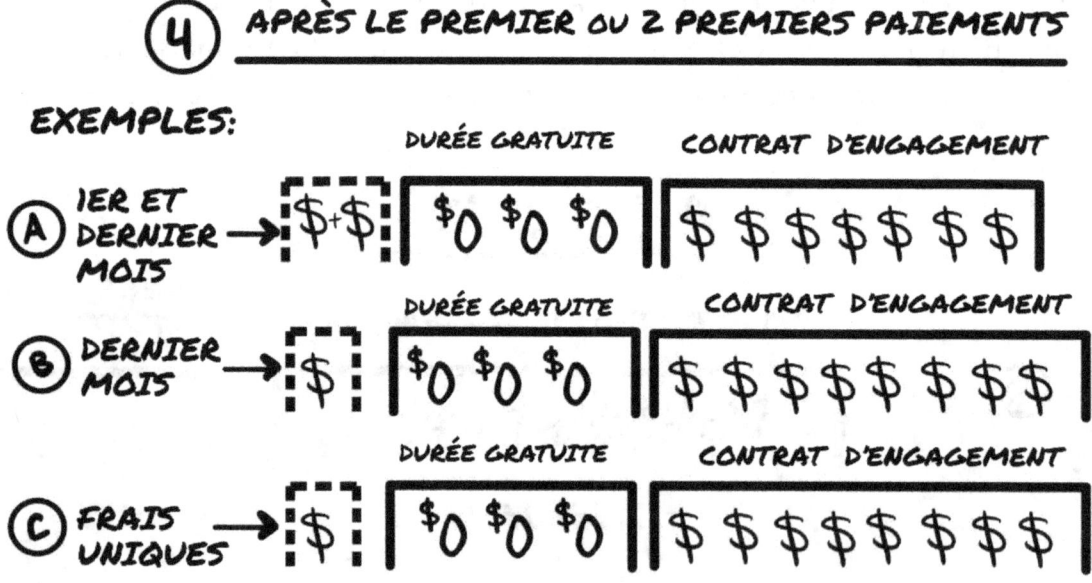

Après le premier ou les deux premiers paiements. Ils effectuent quelques paiements, puis bénéficient d'une remise unique. De cette manière, vous percevez une certaine somme pour couvrir les frais de publicité et une partie des frais de livraison. Je préfère présenter l'offre comme «premier et dernier mois», «dernier mois payé d'avance» ou ajouter des frais d'activation avant d'obtenir la valeur du bonus. Cela garantit également que le client utilise un moyen de paiement valide... un détail mineur mais important lorsque vous dirigez une entreprise.

RÉSILIATIONS

Vous devez définir à l'avance une politique de résiliation. Il existe de nombreuses politiques courantes : préavis de 30 ou 60 jours, frais de résiliation, résiliation à tout moment, etc. Étant donné que tous les clients bénéficient d'une remise quelconque sur mes offres d'abonnement, voici ma politique préférée :

Il suffit de fixer les frais de résiliation à hauteur de la remise dont ils ont bénéficié. Ainsi, s'ils ont obtenu une remise de 600 $ en s'engageant, ils peuvent payer 600 $ s'ils souhaitent résilier. C'est simple à expliquer.

Assurez-vous que les clients savent comment résilier. Indiquez-leur clairement comment vous contacter, vous aurez ainsi une chance réelle de les fidéliser.

Si un client souhaite résilier son contrat, proposez-lui un entretien de départ. Je pourrais dire : «Je vous exempt des frais de résiliation si vous venez me dire ce que je pourrais améliorer.» Cela donne aux clients une *véritable* raison de donner leur avis. Je peux ensuite utiliser leurs commentaires pour résoudre le problème ou leur proposer une offre mieux adaptée. Au pire, ils auront des commentaires plus positifs à faire sur l'entreprise si j'essaie réellement de résoudre le problème. Je parviens régulièrement à conserver un tiers des clients qui acceptent de participer à un entretien de départ.

Points importants

Remarque la plus importante de ce livre Ignorez ceci si vous n'aimez pas l'argent. Facturez par *semaine, et non par mois* (toutes les 4 semaines, toutes les 12 semaines, etc.). Voici pourquoi. Une année compte 12 mois, mais elle comporte <u>13</u> cycles de quatre semaines. *Cela représente une différence de 8,3 %.*

Ne réduisez pas la durée avec des remises, prolongez-la ! Supposons que vous offriez trois mois gratuits pour tout abonnement d'un an. Cela pourrait signifier qu'ils paient neuf mois et en obtiennent trois gratuits (12 mois au total). Ou bien, cela pourrait signifier qu'ils paient 12 mois et en obtiennent trois gratuits (15 mois au total). <u>Je préfère commencer par prolonger la durée. Ensuite, je peux proposer une offre à prix réduit pour une durée plus courte.</u>

Obtenez 3 % de revenus supplémentaires pour cinq mots supplémentaires. «Oui, c'est X dollars plus 3 % de frais de transaction.» Au cours de ma carrière, je n'ai jamais rencontré de client qui ait renoncé à un achat en raison des frais de transaction. Cependant, ces 3 % ajoutés à votre chiffre d'affaires sans effort supplémentaire se répercutent directement sur votre résultat net. Si vous gérez une entreprise avec une marge bénéficiaire de 10 % et que vous ajoutez 3 %, vous augmentez votre bénéfice de 30 %. Cela en vaut la peine. Cette stratégie est particulièrement efficace lorsqu'elle est associée à...

Obtenez deux modes de paiement. Les entreprises qui proposent des abonnements perdent des sommes considérables en raison de problèmes de traitement des paiements. Premièrement, les clients n'annulent pas, mais leurs informations de paiement changent ou expirent. Deuxièmement, les clients atteignent la limite de leur carte ou n'ont pas suffisamment de fonds. Nous résolvons ces deux problèmes avec la même solution. Je leur demande s'ils souhaitent économiser les frais de traitement de 3 % en nous fournissant un deuxième mode de paiement.

Proposez une remise à vie au moment où vos clients sont le plus susceptibles de vous quitter. Vous annoncez la remise à vie, mais vous faites en sorte que les clients la méritent. Ils bénéficient d'un tarif réduit s'ils restent au-delà d'une période X. Définissez X comme le mois où vos clients résilient en moyenne.

Exemple concret : j'ai observé une entreprise de riz qui vendait (beaucoup) de riz. Elle proposait trois options tarifaires : 1) un prix unique 2) un abonnement avec 5 % de réduction. Et 3) 15 % de réduction *si vous restiez abonné pendant 5 mois consécutifs*. Vous bénéficiez alors d'un tarif réduit à vie. Je suis certain qu'ils ont calculé que cela dépassait légèrement le seuil auquel la plupart des gens résiliaient leur abonnement.

Exercice n° 21 : Créez votre offre de remise sur abonnement

1. Quelle durée ou quel produit souhaitez-vous offrir gratuitement :

   _____

2. Choisissez quand vous souhaitez l'offrir (entourez une réponse) :

   a. Remise immédiate

   b. Remise échelonnée

   c. Remise à la fin

   d. Après les premiers paiements

3. Choisissez la durée : _____

   a. Rédigez le script : *«Si vous vous engagez pour [durée] mois, vous bénéficierez de [temps gratuit/structure de remise]. Cela représente une valeur totale de _____ $ pour seulement _____ $ par mois. Souhaitez-vous que je vous réserve cette offre ?»*

4. Choisissez si/quand vous souhaitez offrir une remise à vie (après votre point de rupture) : _____

5. Créez les conditions de résiliation :

    a. Ajouter un entretien de départ aux conditions (O / N) + Ajouter une incitation à participer à l'entretien _____

    b. Ajouter des frais de résiliation équivalents à la durée accordée en cas de rupture du contrat (O / N)

    c. Rédigez le script : *«Pour bénéficier de la réduction, nous demandons un préavis de [X jours] ou la possibilité de payer la différence en cas de résiliation anticipée. De cette façon, tout reste équitable. Cela vous convient-il ?»*

CADEAU GRATUIT : Formation sur les offres de remise sur abonnement

Tout comme les bonus, les remises ne sont limitées que par votre créativité. Dans ce chapitre, je vous ai fourni les éléments de base. J'ai également réalisé une vidéo présentant certaines des méthodes créatives que j'ai observées. Comme d'habitude, vous pouvez la visionner gratuitement sur acquisition.com/training/money. Vous pouvez également scanner le code QR. Profitez-en

Offres sans frais

*Vous pouvez vous inscrire au mois avec des frais d'installation, ou
je vous en dispenserai si vous vous engagez pour un an.*

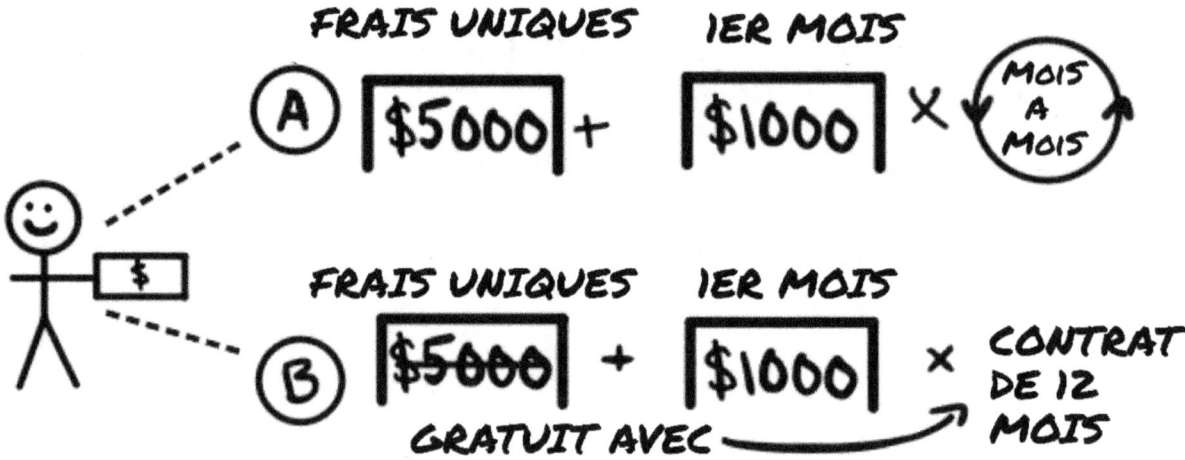

Janvier 2021.

J'ai rencontré un vendeur de produits haut de gamme qui avait des taux de finalisation plus élevés et un taux de résiliation plus faible que moi. Je lui ai donc demandé comment il s'y prenait. Voici comment : il proposait deux options à ses clients : un abonnement mensuel avec des frais d'inscription élevés, ou un abonnement annuel sans frais d'inscription. La suppression des frais d'inscription élevés incitait les clients à s'engager pour un an afin de réaliser des économies, tout en rendant la résiliation anticipée plus coûteuse. C'était le Saint Graal, avec des taux de conversion et une valeur vie client (VVC) plus élevés.

Explication

Les offres sans frais fonctionnent ainsi. Tout d'abord, vous demandez au client de payer au début des frais de départ dans le cadre de son adhésion à un programme mensuel. En général, je demande 3 à 5 fois mon tarif mensuel. Ensuite, vous proposez de rembourser *l'intégralité* des frais s'il s'engage sur une plus longue durée. Toutefois, s'il résilie son contrat avant la fin de la période, il devra s'acquitter des frais.

Les clients ont la possibilité de payer des frais importants et de conserver la possibilité de résilier à tout moment, ou de s'engager pour 12 mois et d'être exemptés de ces frais. Beaucoup choisiront de s'engager afin d'éviter les frais élevés.

Nous prenons un plus grand risque s'ils paient au mois. Cependant, ils prennent un plus grand risque s'ils s'engagent. Si un client choisit le paiement au mois, nous réduisons notre risque grâce aux frais de départ. Cependant, nous réduisons leur risque d'année en année en renonçant à ces frais. Et s'ils s'engagent et souhaitent résilier leur contrat prématurément, cela est acceptable. Ils paient *comme* s'ils avaient choisi le paiement « au mois » dès le début. C'est simple.

Conclusion : les clients resteront plus longtemps si la résiliation coûte plus cher que de continuer.

Exemple

Comme l'offre se concentre davantage sur les prix, elle semble identique dans toutes les entreprises proposant des abonnements.

L'exemple suivant est tiré de l'histoire pour vous permettre de mieux comprendre le fonctionnement.

Exonération des frais avec engagement.

1) Durée de l'engagement : 12 mois

2) Tarif mensuel : 1 000 $ par mois

3) Frais : 5 000 $ *en cas de paiement mensuel.*

Option A : payer des frais uniques de 5 000 $ plus 1 000 $ pour le premier mois. Puis payer 1 000 $ par mois par la suite. Vous pouvez résilier à tout moment.

Option B : Exonération des 5 000 $ si vous vous engagez pour 12 mois. Paiement de 1 000 $ par mois. Paiement des 5 000 $ uniquement si vous résilier votre engagement prématurément.

Points importants

Les frais les incitent à se lancer. Les gens trouvent un intérêt à s'engager immédiatement, car ils évitent ainsi de payer des frais. Les gens souhaitent éviter les frais. Ainsi, davantage de personnes s'inscrivent à l'abonnement.

Les frais les incitent à rester. Les gens restent pour la même raison qui les a poussés à s'inscrire. En restant, ils évitent les frais. Les gens résilient pour de nombreuses raisons. Cependant, en encourant des frais supplémentaires plus élevés pour annuler leur inscription, leur raison initiale de démissionner perd immédiatement de son importance par rapport à l'avantage d'éviter ces frais. En résumé, si le coût de la résiliation dépasse le coût de l'abonnement, ils resteront probablement.

Présenter les frais. Justifiez les frais en expliquant les coûts liés à l'adhésion de nouveaux clients pour des programmes à long terme. En substance, s'ils souhaitent bénéficier d'une flexibilité à court terme, *ils prennent en charge leurs propres frais d'inscription.* Cependant, s'ils s'engagent à rester à long terme, *nous prenons en charge leurs frais d'inscription.* Si quelqu'un demande des explications supplémentaires, répondez simplement : « *Votre adhésion engendre des coûts pour nous. Si vous souhaitez simplement tester nos services, vous prenez en charge ces frais. Si vous vous engagez sur le long terme, nous les prenons en charge.* »

Si plus de 5 % des personnes souhaitent résilier leur contrat prématurément, examinez la situation. La tarification *incite* à rester, mais elle ne peut (et *ne doit*) pas compenser un produit médiocre.

Si vous souhaitez obtenir plus d'argent dès le départ, proposez des frais moins élevés. Des frais moins élevés incitent les clients à opter pour un contrat mensuel. Des frais plus élevés les encouragent à s'abonner. Toutefois, si vous avez besoin de plus de liquidités initiales, vous pouvez fixer les frais entre 1,5 à 3 fois le tarif mensuel. Ainsi, davantage de clients seront intéressés et vous obtiendrez plus de liquidités initiales.

Supprimez les frais une fois que le client a rempli son engagement. Si une personne respecte l'intégralité de son engagement, puis souhaite annuler, elle a mérité sa gratuité. Cela ne s'applique pas indéfiniment. Cela rend le processus équitable.

Je préfère cette offre pour les engagements d'un an et plus. Plus l'engagement est long, plus cette approche est efficace. Elle fonctionne particulièrement bien avec les services qui nécessitent un temps d'action prolongé (référencement, investissement, perte de poids, etc.). Elle permet de maintenir l'engagement des personnes *lorsqu'elles* sont influencées par leurs émotions.

Frais d'annulation versés à une... œuvre ? Si vous souhaitez maintenir la motivation de vos clients, vous pouvez faire un don à une œuvre qu'ils détestent. Exemple : « Quelle œuvre détestez-vous le plus ?... *Parfait. Si vous annulez avant la date prévue, je ferai don de vos frais d'installation à cette œuvre.* » *Cela leur donne deux raisons de rester.* Premièrement, parce qu'ils ne souhaitent pas débourser de l'argent. Deuxièmement, parce qu'ils ne souhaitent pas que l'œuvre qu'ils détestent en bénéficie.

Exercice n° 22 : Créez votre offre sans frais

Set up your two-option pricing model below.

- Tarif mensuel : _____ $

- Montant de la réduction *(visez 3 à 5 fois le tarif mensuel)* : _____ $

- Durée de l'engagement : _____ mois

Veuillez maintenant rédiger les deux offres :

Option A (mensuelle) :

Payez _____ $ de frais d'inscription + _____ $ par mois. *Résiliation* possible à tout moment.

Option B (engagement) :

Les frais d'installation de _____ $ sont offerts si vous vous engagez pour _____ mois.

Les frais d'installation de _____ $. En cas de résiliation anticipée, des frais de _____ $ seront facturés.

CADEAU GRATUIT : formation vidéo sur les offres sans frais

L'annulation des frais est extrêmement efficace. J'ai hâte que vous l'utilisiez et que vous constatiez par vous-même ses avantages. Pour vous aider à vous sentir en confiance lorsque vous l'utiliserez, j'ai réalisé une vidéo qui vous explique comment procéder. Comme d'habitude, vous pouvez la visionner gratuitement sur acquisition. com/training/money. Vous pouvez également scanner le code QR. Profitez-en !

SCANNE-MOI

Conclusion sur les offres d'abonnement

La seule chose qui vaut mieux que de convaincre quelqu'un d'acheter une fois, c'est de le convaincre d'acheter à nouveau.

Les offres d'abonnement *fournissent une valeur continue pour laquelle les clients effectuent des paiements réguliers jusqu'à ce qu'ils résilient.* De nombreuses entreprises utilisent les offres d'abonnement pour attirer des clients à moindre coût. Cependant, cela réduit les bénéfices sur 30 jours, ce qui rend difficile la rentabilité de la publicité.

J'utilise les offres d'abonnement différemment. Je les fais *durer.* Je commence par des offres d'attraction rentables. Ensuite, je propose mes upsells et downsells. *Puis*, je propose un abonnement. Et s'ils acceptent, je leur vends une quantité importante de temps ou de produits à prix réduit. Ensuite, ils adhèrent automatiquement à un abonnement après avoir utilisé leur achat en gros. De cette façon, je gagne encore plus d'argent *et* je bénéficie des avantages financiers continus des autres clients de l'abonnement.

Les offres d'abonnement fonctionnent avec des récompenses ou des pénalités. Je privilégie les récompenses. Deux des trois offres d'abonnement que j'ai expliquées les utilisent. Cependant, il y aura toujours des cas où un contrat plus traditionnel sera plus approprié. Dans ces situations, je recommande les offres sans frais.

Dans le chapitre suivant, nous allons créer notre Modèle d'Argent de $100 M en combinant les quatre types d'offres : les offres d'attraction, les offres d'upsell les offres de downsell et les offres d'abonnement.

Exercice n° 23 : choisissez votre offre d'abonnement

Choisissez les offres d'abonnement que vous appliquerez à votre entreprise :

a. Bonus sur abonnement

b. Remise sur abonnement

c. Offre sans frais

CHAPITRE VI :
CRÉEZ VOTRE MODÈLE D'ARGENT

Comment conquérir l'ensemble de votre marché

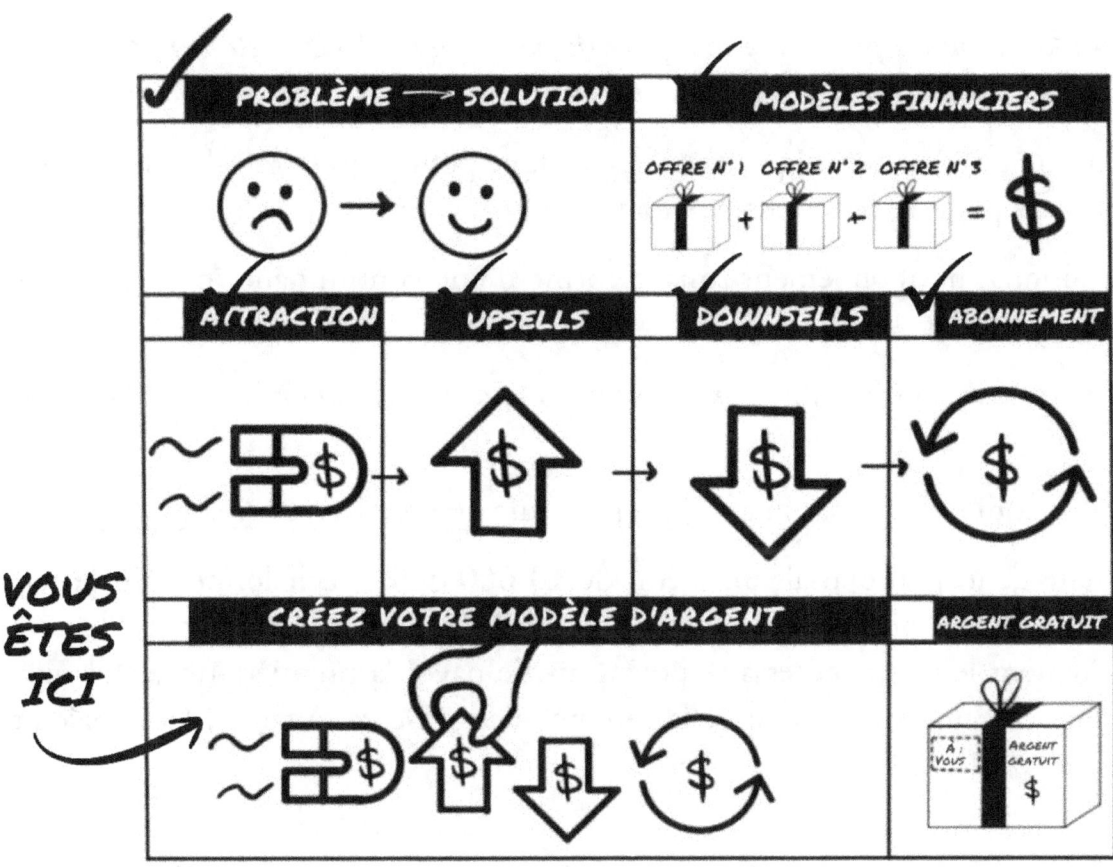

Retour sur l'évolution du Modèle d'Argent de Gym Launch, qui pèse aujourd'hui 100 millions de dollars.

Mon modèle Gym Launch a utilisé de nombreuses offres présentées dans ce livre pour créer un Modèle d'Argent à $100 M complet.

- Tout a commencé par une <u>offre leurre</u>. J'ai attiré de nouveaux clients avec de nombreux cours gratuits, des livres, des formations vidéo, des formations en direct, etc. Tout ce qui concerne le développement d'une salle de sport. Chaque produit gratuit était accompagné d'un appel gratuit pour aider les propriétaires de salles de sport à l'utiliser. Lors de l'appel, je proposais :

- *Offre leurre* : maintenant que vous avez le plan, vous pouvez le réaliser par vous-même gratuitement.

Ou...

- *Offre premium* : nous pouvons vous aider à mettre en œuvre tout cela pour 16 000 dollars sur 16 semaines. En choisissant l'option premium, ils obtiendraient une mine d'or de stratégies pour générer des revenus. Des stratégies qui m'ont pris des années à élaborer. Les gens ont acheté en masse.

Et en un clin d'œil, mon offre leurre m'a permis de gagner 476 000 dollars par mois en trois mois. *Ce n'est pas une erreur, vous avez bien lu.*

- J'ai ensuite utilisé la technique d'upsell classique pour proposer des guides avancés et des services pour 42 000 dollars par an.

- Et un bonus sur abonnement sous la forme d'une communauté pour partager les meilleures pratiques.

- J'ai commencé par offrir une *remise* importante *de 6 000 dollars* à toute personne qui prépayait.

- Pour ceux qui ne l'ont pas fait, j'ai proposé une downsell avec un plan de paiement.

- S'ils refusaient, je proposais un crédit de 10 000 dollars échelonné dans le temps. S'ils refusaient à nouveau, j'utilisais une remise sur abonnement pour leur offrir gratuitement le temps nécessaire pour finir de payer la première offre. Ensuite, ils passaient directement à ma upsell d'abonnement. De cette façon, leurs paiements restaient continus.

Et hop... La upsell classique + le bonus sur abonnement + la downsell avec plan de paiement + la remise sur abonnement m'ont permis d'atteindre environ 1 500 000 dollars par mois.

- Même si le processus d'upsell et de downsell fonctionnait bien, *certains propriétaires de salles de sport continuaient de refuser.* J'ai donc mis au point une upsell à la carte plus personnalisée avec différents niveaux de service.

- S'ils ne souhaitaient pas l'ensemble du forfait, j'utilisais des downsells avec options pour trouver la meilleure option pour eux. Presque tout le monde restait pour quelque chose.

Et voilà… Les upsells à la carte + les downsells avec options m'ont permis d'atteindre 2 300 000 $ par mois. *Le tout en 14 mois.*

- Nous avons ensuite lancé Prestige Labs et l'avons intégré à Gym Launch. Une entreprise totalement différente avec son propre Modèle d'Argent. Au bout de 20 mois, nous réalisions 4 400 000 dollars *par mois*. Cela a transformé notre vie. Et il n'a fallu pour cela que *quelques excellents produits* et un *Modèle d'Argent de $100 M*.

***

Explication

Un Modèle d'Argent est *une séquence réfléchie d'offres*. Il s'agit de ce que vous proposez, quand vous le proposez et comment vous le proposez afin de générer autant de revenus que possible, aussi rapidement que possible. Idéalement, il s'agit de générer suffisamment de revenus auprès d'un client pour acquérir et servir *au moins* deux clients supplémentaires *en moins de 30 jours*. Cela semble rarement simple, mais je divise les Modèles d'Argent à $100 M en trois étapes :

Étape I :   Obtenir du cash - Les offres d'attraction permettent d'attirer plus de clients à moindre coût

Étape II : Obtenir davantage de cash - Les offres d'upsell et de downsell permettent de gagner plus d'argent plus rapidement

Étape III : Obtenir le maximum de cash - les offres d'abonnement maximisent le montant total dépensé.

D'après mon expérience, les Modèles d'Argent évoluent comme suit :

- Tout d'abord, je trouve des clients fiables, *puis*

- Je m'assure qu'ils paient de manière fiable, *puis*

- Je m'assure qu'ils paient pour d'autres clients de manière fiable, *puis*

- Je commence à maximiser la valeur à long terme de chaque client, *puis*

- J'investis autant que possible dans la publicité afin de générer un maximum de revenus.

Mes Modèles d'Argent se développent de cette manière, car je m'assure que *chaque étape finance la suivante*. Nous continuons à améliorer chaque étape jusqu'à ce qu'elle devienne *fiable*. Cela implique également une fiabilité financière *et* opérationnelle.

Modèles d'Argent de Gym Launch

Étape I Offre d'attraction : offre leurre

> *Offre leurre gratuite à faire soi-même ou licence premium à 16 000 $ avec assistance*

Étape II Offre upsell : upsell classique

> *Une fois que vous savez comment les attirer, vous devez savoir comment les fidéliser.*

42 000 $ par an (36 000 $ prépayés) pour des services commerciaux avancés.

Étape II Offre de downsell : downsell avec plan de paiement

Offre de downsell de type « balançoire » : *commencez par un acompte de 10 000 $, le reste étant réparti sur 52 semaines.*

Offre finale de plan de paiement : *800 $ par semaine pendant 52 semaines.*

Étape III Offre d'abonnement : choix de finalisation + offre downsell avec options

Forfait complet : 800 $ par semaine

> *Option — Publicité clé en main : 300 $ par semaine*
>
> *Option — Formation quotidienne à la vente en salle de sport : 200 $ par semaine*
>
> *Option — Nouvelles sorties mensuelles : 500 $ par semaine*
>
> *Option — Matériel sous licence original avec assistance technique : 100 $ par semaine*

Forfait minimum : 100 $ par semaine

Si vous souhaitez d'autres exemples, vous les trouverez dans le livre principal.

Créez votre propre Modèle d'Argent

Étape 1) Commencez par une offre d'attraction. «Concours», «Offres leurres», «Achetez X, obtenez Y gratuitement», «Payez moins maintenant ou payez plus plus tard». Ensuite, *faites-en de la publicité*. Si vous obtenez des prospects qui se transforment en clients, vous êtes sur la bonne voie. Il peut falloir jusqu'à un an pour déterminer ce qui fonctionne le mieux. Si vous souhaitez en savoir plus sur la publicité, je vous invite à consulter mon deuxième livre, *« $100M Leads »*.

Étape 2) Choisissez une offre upsell. L'objectif est d'obtenir des bénéfices sur 30 jours *bien supérieurs* à nos coûts d'acquisition d'un nouveau client et de livraison de votre offre. N'oubliez pas qu'une fois qu'un problème est résolu, un autre apparaît. Ces problèmes ont également besoin d'être résolus. Vous résolvez les problèmes créés par votre offre d'attraction grâce à des offres upsell. Choisissez donc l'offre upsell qui correspond le mieux au problème que vous résolvez et à la manière dont vous le résolvez. Le chapitre «Offres de vente incitative (upsell)» vous présente mes quatre offres préférées : upsell classique, upsell à la carte, upsell d'ancrage et upsell reportée. Ensuite, faites votre offre au moment où le besoin est le plus grand.

Étape 3) Choisissez une downsell. L'objectif est d'amener les clients qui ont refusé votre dernière offre à accepter une autre offre. De cette manière, vous vendrez à *un plus grand nombre de personnes* que vous ne l'auriez fait autrement, ce qui vous permettra de générer plus de revenus *à partir du même nombre de prospects*. Le chapitre «Offres alternatives (downsell)» présente mes trois offres préférées.

Étape 4) Choisissez une offre d'abonnement. L'objectif ici est de réaliser une dernière vente dans notre fenêtre de 30 jours et d'accumuler des revenus récurrents. J'essaie donc d'intégrer l'abonnement dans mon activité *à long terme*. Mes trois offres d'abonnement préférées sont : les bonus sur abonnement, les remises sur les abonnements et les offres sans frais.

Parfois, le meilleur moment pour proposer des offres d'abonnement se situe après les 30 premiers jours, et cela est tout à fait acceptable. *Il est préférable de faire l'offre au bon moment plutôt que d'essayer de la forcer au mauvais moment.*

Points importants

Une offre parfaite à la fois. Il peut être tentant de mettre en œuvre l'ensemble d'un Modèle d'Argent en une seule fois. Évitez de le faire. Restez fidèle à votre étape. Choisissez une offre. Testez-la. Continuez à l'utiliser jusqu'à ce qu'elle fonctionne de manière fiable. Une fois qu'elle est fiable, utilisez-la de nombreuses fois jusqu'à ce qu'elle devienne automatique. *Ensuite*, passez à l'étape suivante.

Augmentez le prix par étapes. Proposez d'abord des offres à bas prix. Ensuite, à mesure que vous obtenez des réponses positives, augmentez le prix. De nombreuses réponses positives dès le début vous permettent d'obtenir des commentaires des clients et d'améliorer le produit. Ensuite, lorsque l'offre devient fiable, commencez à augmenter le prix. Continuez à augmenter le prix jusqu'à ce que l'argent supplémentaire provenant des réponses positives ne compense plus les réponses négatives.

La simplicité est la clé. La complexité est un échec. Tirez le meilleur parti de ce dont vous disposez. N'oubliez pas qu'il s'agit moins d'offrir 100 produits que de proposer 100 façons différentes d'offrir votre produit. Réfléchissez à plusieurs façons de vendre le même produit, plutôt qu'à plusieurs produits différents à vendre. Si je propose des séances d'entraînement personnalisées, je peux offrir une, deux, trois, quatre séances par semaine, etc. *Cela permet de transformer un seul produit en plusieurs offres.*

Transformez les offres d'attraction en offres Cela permet d'obtenir un avantage double. Par exemple, si vous proposez une offre «Achetez 6 mois, obtenez 6 mois gratuits», celle-ci peut se transformer automatiquement en abonnement mensuel à la fin des 12 mois. Vous bénéficiez ainsi des avantages des offres d'attraction et des offres d'abonnement. Un conseil simple avec des résultats *importants*.

Vous pouvez combiner les offres comme vous le souhaitez. Je présente les offres de cette manière car c'est ainsi que je les utilise. Cependant, si vous vous souvenez bien, j'ai appris beaucoup d'entre elles auprès de personnes qui les utilisaient différemment de moi. Vous pouvez utiliser la plupart de ces offres *n'importe où*. Vous pouvez utiliser des tactiques de upsell dans votre offre d'attraction. Vous pouvez mettre en place un processus de downsell avec *chaque offre*. Vous pouvez utiliser une offre d'abonnement pour attirer de nouveaux clients. Il n'y a pas de règles. Vous pouvez faire ce que vous souhaitez. Je vous montre les choses d'une certaine manière, *mais je m'attends à ce que vous les utilisiez d'une* *autre manière.* Commencez donc par suivre mes conseils. Ensuite, à mesure que vous vous améliorez, expérimentez. C'est ainsi que j'ai appris ces techniques. Et c'est ainsi que vous les apprendrez également.

Exercice n° 24 : créez votre Modèle d'Argent à $100 M

1. Choisissez votre offre d'attraction : _____

2. Choisissez votre offre d'upsell : _____

3. Choisissez votre ou vos offres de downsell : _____

4. Choisissez votre offre d'abonnement : _____

5. Vous disposez désormais de la version <u>finale</u> de votre Modèle d'Argent. Il peut s'écouler des mois (voire des années) avant qu'il ne soit entièrement développé. Ce n'est pas grave. Cependant, vous savez désormais vers quel objectif vous tendez.

Exercice n° 25 : Énumérez trois façons différentes de vendre le même produit :

Écrivez votre produit ci-dessous, puis réfléchissez à trois façons différentes de le présenter, de le tarifer ou de le proposer en utilisant les concepts du Modèle d'Argent.

Mon produit : _____

Type d'offre	Description
Offre d'attraction	_____
Type d'Upsell	_____
Type d'abonnement	_____

CADEAU GRATUIT : Formation étape par étape pour créer votre propre Modèle d'Argent

Ce chapitre est très dense. Il s'agit sans doute du plus important de l'ouvrage. Afin de vous éviter toute difficulté, j'ai réalisé une vidéo qui vous guide pas à pas tout au long de ce processus. Comme d'habitude, vous pouvez la visionner gratuitement (sans inscription) sur acquisition.com/training/money. Vous pouvez également scanner le code QR.

Dix ans en dix minutes

La meilleure chose qu'un être humain puisse faire est d'aider un autre être humain à en savoir plus. - Charlie Munger

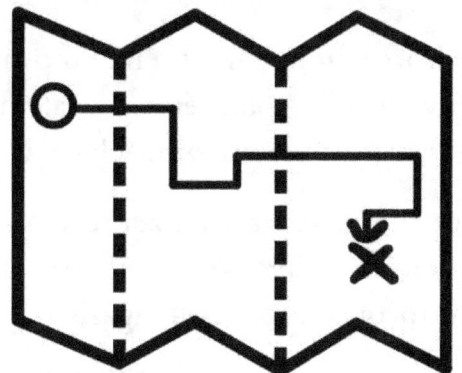

La place des Modèles D'argent dans la grande vision d'ensemble

- Mon premier livre, Des offres à *$100 M*, répondait à la question suivante : *que dois-je vendre ?* Réponse : des offres si irrésistibles que les gens se sentiraient stupides de refuser.

- Mon deuxième livre, *$100 M Leads*, répondait à la question logique suivante : *comment trouver ces personnes ?* Réponse : en faisant de la publicité.

- Mon troisième livre, *$100 M - Les Modèles d'Argent*, répond à la question suivante : *comment les inciter à acheter ?* Réponse : avec un Modèle d'Argent.

- Et j'espère que ce cahier d'exercices vous a aidé à y parvenir.

Ce que nous avons abordé

Nous avons abordé de nombreux sujets. Je pense que le fait de regrouper ce que nous avons appris en un seul endroit facilite la compréhension. J'ai donc dressé cette liste sommaire de ce que nous avons abordé et pourquoi.

1) **Un Modèle d'Argent** est une série d'offres conçues pour augmenter le nombre de clients, le montant de leurs achats et la rapidité avec laquelle ils paient.

2) **Un bon Modèle d'Argent** *génère plus de bénéfices par client que ce qu'il en coûte pour l'avoir et le satisfaire au cours des 30 premiers jours.* C'est le minimum requis.

3) **Un Modèle d'Argent à $100 M** *génère plus de bénéfices à partir d'un seul client que ce qu'il en coûte pour avoir et satisfaire de nombreux clients au cours des 30 premiers jours,* ce qui élimine l'argent comme facteur limitant la croissance de votre entreprise.

4) **Les Modèles d'Argent** comportent **quatre types d'offres** : les offres d'attraction, les offres upsell, les offres downsell et les offres d'abonnement.

5) **Les offres d'attraction** attirent les clients en leur proposant quelque chose de gratuit ou à prix réduit. Souvent, elles permettent également de générer des revenus en proposant une *meilleure offre* à un prix plus élevé. Nous en avons présenté cinq.

   a) <u>Récupérez votre argent</u> : *vous* fixez un objectif au client *et* lui indiquez comment l'atteindre. S'il l'atteint, il peut alors récupérer son argent *ou* le récupérer sous forme d'avoir en magasin.

   b) <u>Concours</u> : vous annoncez la possibilité de gagner un grand prix en échange des coordonnées et de toute autre information que vous souhaitez obtenir. Après avoir sélectionné un gagnant, vous proposez à tous les autres participants le grand prix à un prix réduit.

   c) <u>Offres leurres</u> : vous annoncez une offre gratuite ou à prix réduit. Lorsque le prospect demande plus d'informations, vous lui présentez également une offre premium plus intéressante. L'offre premium comprend plus d'options, d'avantages, de bonus, de garanties, etc.

   d) <u>Achetez X, obtenez Y gratuitement</u> : vous offrez aux clients des articles gratuits en échange de l'achat d'autres articles. Plus les articles gratuits sont nombreux et de grande valeur, plus les gens achètent.

   e) <u>Payez moins maintenant ou payez plus plus tard</u> : vous donnez aux clients le choix entre payer le prix plein plus tard OU payer un prix réduit maintenant *et* obtenir des bonus supplémentaires.

6) **Les offres upsells** sont tout ce que vous proposez ensuite. Il s'agit généralement de versions plus complètes, améliorées ou plus récentes de ce que les clients viennent d'acheter. Elles vous permettent de générer rapidement plus de revenus. Nous en avons présenté quatre.

   a) <u>L'upsell classique</u> : vous proposez la solution au prochain problème du client dès qu'il en prend conscience. *Vous ne pouvez pas avoir X sans Y !*

b) <u>Les upsells à la carte</u> : vous indiquez aux clients les options dont ils n'ont pas besoin. Ensuite, vous leur expliquez ce dont ils ont besoin *et* comment en tirer profit. *Vous n'avez pas besoin de cela... vous avez besoin de ceci.*

c) <u>Les upsells d'ancrage</u> : vous proposez d'abord votre produit le plus cher. Si le client hésite, vous lui proposez une alternative beaucoup moins chère, mais tout aussi acceptable. *Pas d'inquiétude. Si X ne vous intéresse pas, cela pourrait mieux vous convenir.*

d) <u>Les upsells reportées</u> : vous créditez tout ou partie des achats précédents d'un client sur votre prochaine offre. *Puisque vous avez déjà dépensé 500 $, je vais simplement créditer ce montant sur votre abonnement d'une année complète.*

7) **Les offres downsell** sont tout ce que vous proposez après qu'une personne ait refusé. En transformant les refus en acceptations, vous gagnez davantage. Nous en avons abordé trois.

a) <u>Downsells sur plan de paiement</u> : vous proposez le même produit au même prix, mais le client paie une partie maintenant et le reste au fil du temps. *Quand êtes-vous payé ? Que diriez-vous de la moitié maintenant et l'autre moitié plus tard ?*

b) <u>Essai sous conditions</u> : vous permettez aux clients d'essayer votre produit ou service gratuitement, à *condition qu'ils respectent vos conditions.* S'ils le font, ils ont plus de chances de devenir des clients payants. S'ils ne le font pas, ils paient. Si vous effectuez X, Y, Z, *je vous autorise à commencer gratuitement.*

c) <u>Downsells avec options</u> : vous réduisez les prix en modifiant ce que le client obtient. Je propose des alternatives en quantité moindre, de qualité moindre, à prix réduit, ou je supprime complètement certaines options. *Si vous acceptez de ne pas bénéficier de garantie, je peux vous accorder une réduction de 400 $.*

8) **Les offres d'abonnement** offrent une valeur ajoutée continue pour laquelle les clients effectuent des paiements réguliers, jusqu'à ce qu'ils résilient leur abonnement. Elles augmentent le bénéfice généré par chaque client et vous fournissent un dernier argument de vente. Nous en avons abordé trois.

a) <u>Offres bonus sur abonnement</u> : vous offrez au client un avantage exceptionnel s'il s'inscrit aujourd'hui. En général, le bonus lui-même a plus de valeur que le premier paiement de l'abonnement. *Si vous vous inscrivez aujourd'hui, vous recevrez également un avantage XYZ.*

b) <u>Offres de remise sur les abonnements</u> : vous accordez au client une période gratuite, immédiate ou différée, s'il s'inscrit aujourd'hui.

c) <u>Offres sans frais</u> : vous demandez d'abord au client de payer des frais de démarrage dans le cadre de son adhésion à un programme mensuel. Ensuite, vous lui proposez de lui accorder une remise *sur la totalité* des frais s'il s'engage à long terme. S'il résilie son contrat avant la fin de la période, il paie les frais.

9) Vous construisez des Modèles d'Argent étape par étape.

a) *Une fois que* j'ai des clients fiables, je m'assure qu'ils paient de manière fiable, *puis* je m'assure qu'ils paient pour d'autres clients de manière fiable, *puis* je commence à maximiser la valeur à long terme de chaque client. *Ensuite*, je génère autant d'argent que possible.

Conclusion : les informations contenues dans ces points m'ont apporté plus de clients gratuits *et* rentables que je n'aurais jamais imaginé pouvoir en gérer. Si vous les mettez en pratique, elles feront de même pour vous. Ainsi, les contraintes d'argent ne freineront plus votre activité. J'espère que ce livre vous aidera à réaliser vos rêves à *votre guise*.

De plus, comme vous faites partie des rares personnes qui mènent à bien ce qu'elles ont commencé (même si ce livre est une version abrégée de l'original), je souhaite vous offrir un cadeau d'adieu : quelques remarques finales qui m'ont aidé à traverser des moments difficiles.

Dernières réflexions

On ne devient pas confiant en se répétant des phrases toutes faites devant le miroir :
on le devient en s'apportant une montagne de preuves irréfutables que l'on est
bien la personne que l'on prétend être. Surpassez vos doutes par le travail.

Un message que j'ai publié le 25 juillet 2020, avant de rendre ma vie publique.

***

Leila a pris cette photo alors que je ne regardais pas «Waouh… Je suis vraiment pensif sur cette photo » 😄

Peu importe, c'était la deuxième fois que nous prenions un jet privé.

Et… c'était génial.

Ils disent que si vous coulez avec le navire, votre ceinture de sécurité ne vous sauvera pas.

Quoi qu'il en soit, à tous les entrepreneurs qui déçoivent leurs parents, leurs épouses, leurs maris, leurs amis, leurs faux amis et tous ceux qui doutent de vous.

#1 JE SUIS VOTRE PLUS GRAND FAN

#2 Les choses sérieuses vont commencer, alors soyez vite prêts.

#3 Vous ne pouvez pas perdre si vous n'abandonnez pas. Je me répétais cela sans cesse lorsque je n'avais plus envie de continuer. Si vous vous sentez désespéré… bienvenue dans le monde de l'entrepreneuriat. Si vous avez l'impression que vous n'y arriverez jamais… vous êtes sur la bonne voie. Si vous avez l'impression de décevoir tous ceux que vous connaissez… continuez d'avancer.

Car au bout du chemin, il n'y a pas de trésor…

Il y a vous.

Le vrai vous.

Il a toujours été là, à vous murmurer à l'oreille : encore un pas... encore un appel... encore une vente.

Lorsque je dis que je suis votre plus grand fan, c'est parce que j'ai vécu cela. Et je vous comprends parce que je sais EXACTEMENT ce que l'on ressent. Avoir à la fois une confiance à 100 % et un doute à 1 000 %. En même temps. Voici tout ce que vous devez faire :

Continuez d'avancer.

Continuez à vous battre.

Continuez à vous améliorer.

Votre heure viendra.

Le succès est la seule revanche.

***

Il est possible que vous vous trouviez actuellement dans la même situation que moi lorsque j'ai commencé. Travaillant dans un endroit peu motivant, sous des lumières éblouissantes, avec l'envie de vous échapper. Vous pourriez vous sentir submergé par toutes les tâches à accomplir pour réussir. Cependant, malgré cette incertitude, sachez que tous les entrepreneurs, passés et présents, partagent ce fardeau avec vous. J'ai vécu cela. Ils ont vécu cela. Vous n'êtes pas seul. Je partage ces histoires telles que je les ai vécues afin que vous puissiez en tirer profit comme je l'ai fait.

Voici donc ma promesse : suivez les leçons, et l'argent viendra.

Soyez l'exception.

Alex Hormozi, fondateur, Acquisition.com

P.S. : j'ai quelques cadeaux à vous offrir pour vous remercier d'avoir mené à bien ce que vous avez commencé.

Cadeaux gratuits

Miam miam miam.

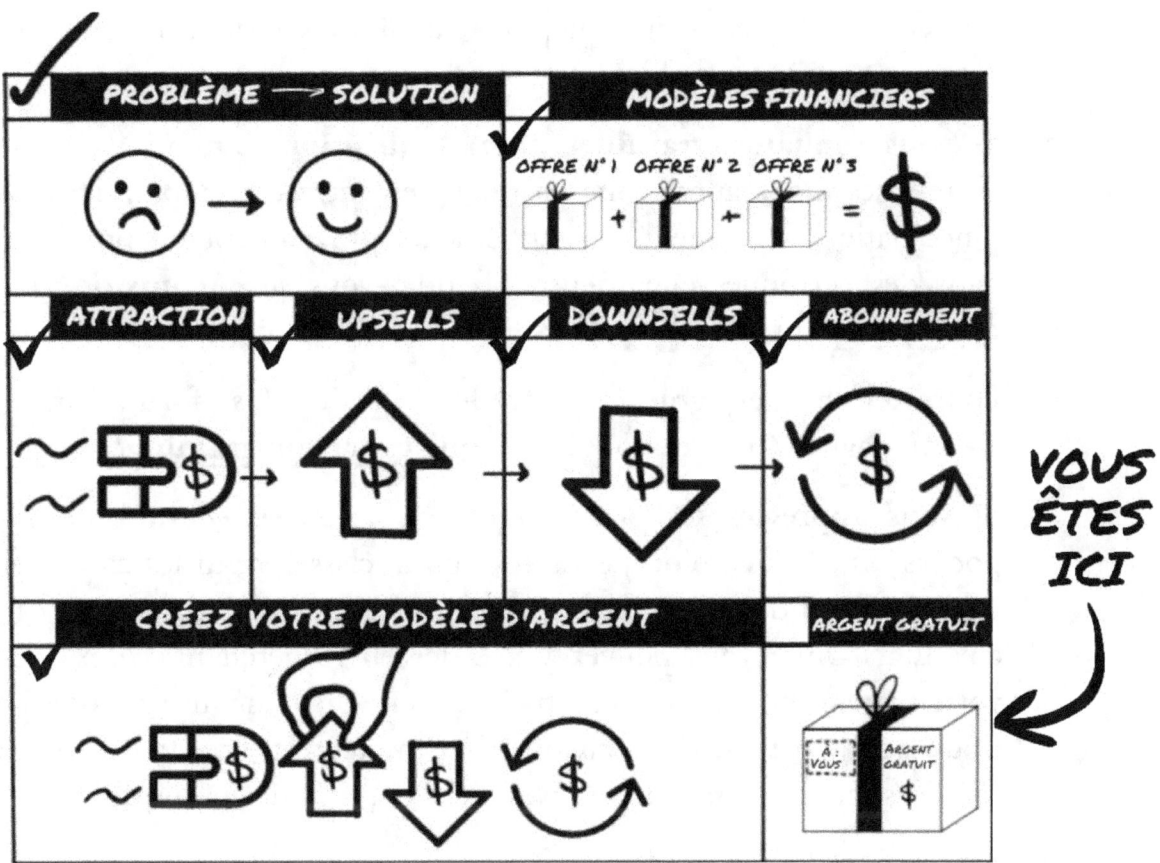

Un peu comme les bandes-annonces après le générique, si vous êtes toujours là, je souhaitais vous offrir quelques cadeaux.

1) **Si vous avez du mal à déterminer à <u>qui</u> vendre**, j'ai publié un chapitre intitulé «Votre premier avatar». Vous pouvez l'obtenir gratuitement sur **Acquisition.com/avatar**. Il vous suffit d'entrer votre adresse e-mail et nous vous l'enverrons.

2) **Si vous avez du mal à déterminer <u>ce</u> que vous souhaitez vendre**, vous pouvez vous rendre sur Amazon ou tout autre site où vous achetez des livres et rechercher «Alex Hormozi» et *«Des Offres à $100 M»*. Cela devrait vous mettre sur la bonne voie.

3) **Si vous rencontrez des difficultés à <u>susciter l'intérêt pour</u> vos produits,** vous pouvez vous rendre sur Amazon ou tout autre site où vous achetez des livres et rechercher «Alex Hormozi» et *«$100 M Leads»*. Cela devrait vous mettre sur la bonne voie.

4) **Si votre entreprise affiche un EBITDA (profit) supérieur à 1 million de dollars**, nous serions ravis de vous aider à vous développer. C'est un immense plaisir de voir des entreprises croître beaucoup plus rapidement et atteindre une taille bien supérieure à la mienne *parce qu'elles ont évité les erreurs que j'ai commises*. Si vous souhaitez que nous examinions votre situation et déterminions si nous pouvons vous aider, rendez-vous sur **Acquisition.com**.

5) **Si vous souhaitez travailler chez Acquisition.com** ou dans l'une de nos entreprises, nous apprécions particulièrement recruter parmi les membres de #mozination. Nos meilleurs rendements proviennent de nos investissements dans des personnes talentueuses. Rendez-vous sur **Acquisition.com/careers/open-jobs** pour consulter toutes les offres d'emploi disponibles.

6) Pour **télécharger gratuitement le livre et les formations vidéo** qui l'accompagnent, rendez-vous sur **Acquisition.com/training/money**.

7) **Si vous appréciez les podcasts et souhaitez en écouter davantage**, mon podcast est, à l'heure où j'écris ces lignes, classé parmi les cinq meilleurs dans la catégorie entrepreneuriat et parmi les 15 meilleurs dans la catégorie affaires aux États-Unis. Vous pouvez y accéder en recherchant «Alex Hormozi» sur votre plateforme d'écoute habituelle ou en vous rendant sur **Acquisition.com/podcast**. J'y partage des récits utiles et intéressants, des leçons précieuses et les modèles mentaux essentiels sur lesquels je m'appuie au quotidien.

8) **Si vous appréciez regarder des vidéos**, nous avons investi beaucoup de ressources dans notre formation gratuite, accessible à tous. Nous avons l'intention de la rendre plus performante que n'importe quelle formation payante, et nous vous laissons juger si nous y sommes parvenus. Vous pouvez trouver nos vidéos sur YouTube ou sur n'importe quelle autre plateforme en recherchant «Alex Hormozi».

9) **Et si vous préférez les vidéos courtes**, découvrez le contenu concis que nous publions quotidiennement sur Acquisition.com/media. Vous y trouverez tous les sites sur lesquels nous publions et pourrez choisir ceux qui vous plaisent le plus.

Enfin, merci encore. Je vous invite à contribuer à notre communauté et **à partager cette expérience avec d'autres entrepreneurs en laissant un avis**. Cela serait très apprécié. Je vous envoie mes meilleurs vœux professionnelles depuis mon bureau. J'y passe beaucoup de temps, donc ils sont très nombreux. Que votre désir soit plus fort que vos obstacles.